FUNDAMENTOS DE SOCIOLOGIA E ANTROPOLOGIA

Revisão técnica:

Gustavo da Silva Santanna
Bacharel em Direito
Especialista em Direito Ambiental Nacional e Internacional
e em Direito Público
Mestre em Direito
Professor em cursos de graduação e pós-graduação em Direito

O48f Oliveira, Carolina Bessa Ferreira de.
         Fundamentos de sociologia e antropologia / Carolina Bessa Ferreira de Oliveira, Débora Sinflorio da Silva Melo, Sandro Alves de Araújo; revisão técnica: Gustava da Silva Santanna. – Porto Alegre : SAGAH, 2023.

         ISBN 978-65-5690-367-5

         1. Sociologia. 2. Antropologia. I. Melo, Débora Sinflorio da Silva. II. Araújo, Sandro Alves de. III. Título. .

                                                          CDU 316:39

Catalogação na publicação: Mônica Ballejo Canto – CRB 10/1023

FUNDAMENTOS DE SOCIOLOGIA E ANTROPOLOGIA

Carolina Bessa Ferreira de Oliveira
Bacharel em Direito
Mestre em Educação
Doutora em Educação

Débora Sinflorio da Silva Melo
Graduada em Direito
Mestre em Corrupção e Estado de Direito

Sandro Alves de Araújo
Bacharel em Direito
Mestre em Filosofia do Direito

Porto Alegre
2023

© SAGAH EDUCAÇÃO S.A., 2023

Gerente editorial: *Arysinha Affonso*

Colaboraram nesta edição:
Editora responsável: *Maria Eduarda Fett Tabajara*
Preparação de originais: *Carla Paludo*
Capa: *Paola Manica | Brand&Book*
Editoração: *Kaéle Finalizando Ideias*

> **Importante**
>
> Os links para sites da Web fornecidos neste livro foram todos testados, e seu funcionamento foi comprovado no momento da publicação do material. No entanto, a rede é extremamente dinâmica; suas páginas estão constantemente mudando de local e conteúdo. Assim, os editores declaram não ter qualquer responsabilidade sobre qualidade, precisão ou integralidade das informações referidas em tais links.

Reservados todos os direitos de publicação à
SAGAH EDUCAÇÃO S.A., uma empresa do GRUPO A EDUCAÇÃO S.A.

Rua Ernesto Alves, 150 – Bairro Floresta
90220-190 – Porto Alegre – RS
Fone: (51) 3027-7000

SAC 0800 703-3444 – www.grupoa.com.br

É proibida a duplicação ou reprodução deste volume, no todo ou em parte, sob quaisquer formas ou por quaisquer meios (eletrônico, mecânico, gravação, fotocópia, distribuição na Web e outros), sem permissão expressa da Editora.

IMPRESSO NO BRASIL
PRINTED IN BRAZIL

SUMÁRIO

O homem como objeto do estudo da antropologia 9
Carolina Bessa Ferreira de Oliveira
   O que é antropologia? 10
   Ramos da antropologia 13
   Relação entre antropologia e Direito 15

Cultura e multiculturalismo 19
Carolina Bessa Ferreira de Oliveira
   Homem enquanto ser cultural 19
   Cultura e tradição 21
   Diferentes matrizes culturais no Brasil: diversidade e pluralidade
      afro-brasileira, indígena e de imigrantes dos diversos continentes 24

O Direito, a cultura e as sociedades humanas 29
Carolina Bessa Ferreira de Oliveira
   Direito como manifestação da cultura 30
   Direito como forma de solucionar litígios 31
   Formas de resolução de conflitos 34

O homem e a sociedade das massas 39
Carolina Bessa Ferreira de Oliveira
   Massificação do homem e da sociedade 40
   O homem como produto de massa 42
   Abordagem crítica quanto à massificação do homem e da sociedade 44

O homem como objeto dos direitos humanos 49
Carolina Bessa Ferreira de Oliveira
   O homem como detentor de direitos 50
   Direitos humanos e culturas locais 53
   A contemporaneidade da afirmação dos direitos humanos 55

**Contexto sócio-histórico de constituição
do conhecimento sociológico** 61
Débora Sinflorio da Silva Melo
   O que é sociologia? 61
   Campos da sociologia 64
   Positivismo de Auguste Comte 65

A sociologia do Direito como ciência social 69
Débora Sinflorio da Silva Melo
   Conceito e objeto da sociologia do Direito 69
   Sociologia do Direito e no Direito 71
   Influência da sociologia no estudo do Direito 73

A sociologia como conhecimento científico historicamente situado 77
Sandro Alves de Araújo
   Classificação da sociologia 78
   A evolução da história da sociologia 82
   A sociologia no Brasil 85

Émile Durkheim e a sociologia como ciência autônoma 89
Sandro Alves de Araújo
   Émile Durkheim e a sociologia do Direito 89
   Fato social e instituições 92
   Principais conceitos 94

Karl Marx e as contradições da formação social capitalista 97
Sandro Alves de Araújo
   Fases das obras de Marx e a sua antropologia 97
   Estrutura social 101
   Marxismo e Direito 102

Max Weber e os efeitos da racionalização sobre as ordens social, econômica e política 105
Sandro Alves de Araújo
   Sociologia jurídica 105
   Ação social 107
   Racionalização do Direito 108

Auguste Comte e o positivismo 113
Carolina Bessa Ferreira de Oliveira
   O positivismo de Auguste Comte 114
   O positivismo na ciência jurídica e o positivismo jurídico: algumas reflexões 117

Constituição no sentido sociológico 123
Sandro Alves de Araújo
   Ferdinand Lassalle 123
   A Constituição em sentido sociológico 125
   Principal crítica 127

Opinião pública 129
Sandro Alves de Araújo
- Opinião pública 129
- Opinião pública e política 132
- Opinião pública e justiça 134

Normas jurídicas e evolução social 137
Sandro Alves de Araújo
- Normas jurídicas 137
- Sanção e norma jurídica 141
- Norma jurídica modificadora do comportamento social 143

Eficácia das normas jurídicas e os seus efeitos sociais 147
Sandro Alves de Araújo
- Validade e eficácia das normas 148
- Efeitos sociais da norma jurídica 150
- Antinomias 152

O homem como objeto do estudo da antropologia

Objetivos de aprendizagem

Ao final deste texto, você deve apresentar os seguintes aprendizados:

- Definir o que é antropologia.
- Descrever os diversos ramos da antropologia.
- Identificar como a antropologia e o Direito se relacionam.

Introdução

A antropologia é uma ciência cujo objeto de estudo é o homem — no sentido do ser humano — em todas as suas dimensões, como a biológica, a social, a histórica e a cultural. Com isso, há diferentes ramos de estudo e pesquisa na área da antropologia, de acordo com as especificidades do que se busca compreender:

- antropologia física;
- antropologia social;
- antropologia cultural;
- antropologia linguística.

O Direito, assim como outras ciências, apresenta relação com a antropologia, uma vez que esta estuda o homem e o Direito estuda as normas e instituições jurídicas. Por isso, a relação entre antropologia e Direito é um tema fundamental, já que colabora para o entendimento dos fatores culturais e sociais que podem perpassar o mundo jurídico e a atuação dos operadores do Direito, além dos aspectos legais.

Neste capítulo, você vai ler sobre a antropologia, os diversos ramos dessa ciência e a relação entre antropologia e Direito, com base nos estudos antropológicos e sociológicos.

O que é antropologia?

Ao analisarmos o significado da palavra antropologia, verificamos que tem origem na língua grega: *antropo* significa "homem" e o radical *logia* significa "estudo". A antropologia, portanto, é uma ciência cujo objeto de estudo é o **homem na sua totalidade**, ou seja, nos seus aspectos históricos, biológicos, sociais e culturais.

Trata-se de uma ciência social recente, que surgiu entre os séculos XVIII e XIX. Assim, o campo de estudo e atuação da antropologia é vasto, pois inclui aspectos biopsicossociais e culturais da humanidade, visando analisar e compreender a diversidade e complexidade do ser humano.

O autor François Laplantine, antropólogo francês, na obra *Aprender antropologia* (1989), afirma que o conceito de homem e a fundação de uma ciência para estudar, não apenas especular, as questões e complexidades próprias da existência humana ocorreram somente a partir do século XVIII:

> Enquanto encontramos no século XVI elementos que permitem compreender a pré-história da antropologia, enquanto o século XVII (cujos discursos não nos são mais diretamente acessíveis hoje) interrompe nitidamente essa evolução, apenas no século XVIII é que entramos verdadeiramente, como mostrou Michel Foucault (1996), na modalidade. Apenas nessa época, e não antes, é que se pode apreender as lições históricas, culturais e epistemológicas de possibilidade daquilo que vai se tornar a antropologia (LAPLANTINE, 1989, p. 54).

Nesse sentido, o autor coloca que o projeto de formulação de uma ciência antropológica supôs a construção de certo número de conceitos, começando pelo conceito de homem — como sujeito e objeto do saber —, bem como a constituição de um saber de observação, não só de reflexão, ou seja, um novo modo de acesso ao homem, na sua existência concreta — o que envolve as suas linguagens, relações e comportamentos.

Assim, a antropologia estuda, principalmente, costumes, crenças, hábitos e aspectos físicos dos diferentes povos que habitaram e habitam o planeta. Portanto, os antropólogos se dedicam ao **estudo da diversidade humana**, tanto de sociedades antigas quanto modernas, seus hábitos, rituais, crenças e mitos, por exemplo. Os aspectos da evolução humana também integram os temas da antropologia.

Fique atento

A antropologia é uma ciência autônoma, mas que, como citado, relaciona-se com outras ciências, gerando novos conhecimentos e trocando experiências. Como ciência social, que também considera conhecimentos biológicos e psíquicos, intercambia saberes teóricos e metodológicos, por exemplo, da sociologia, geografia, história, psicologia, medicina, economia, arqueologia, ciência política, biologia, anatomia, genética, geologia, química e física. Com isso, diferentes ciências contribuem para o aprimoramento de estudos antropológicos e podem se desdobrar nos ramos da antropologia.

Uma das perguntas relativas ao estudo do homem é como **coletar dados** sobre os diferentes grupos. Não basta viajar, especular ou ter curiosidade, mas organizar, sistematizar, processar e interpretar dados e observações. Assim, como fontes de pesquisa, os antropólogos podem utilizar desde livros, documentos e objetos até depoimentos, vivências e observação.

Dessa forma, os principais métodos de estudo utilizados na antropologia envolvem **pesquisas de campo**, como a etnografia e a observação participante — que consiste basicamente em vivenciar experiências e práticas de outras culturas, com imersão, para entendê-las. Essas pesquisas foram desenvolvidas por importantes antropólogos ao longo da história, como:

- o antropólogo polaco Bronislaw Malinowski, que conviveu com povos nativos australianos no século XX e registrou os seus estudos etnográficos no livro *Os argonautas do Pacífico Ocidental*;
- o americano Franz Boas, que estudou povos nativos e esquimós norte-americanos;
- o francês Marcel Mauss, que estudou a reciprocidade entre sociedades, além de religiões e sociedades esquimós;
- o francês Claude Lévi-Strauss, que escreveu sobre antropologia estrutural, mitos e parentesco, além de ter vivido alguns anos no Brasil, considerado fundador do estruturalismo na antropologia;
- o estadunidense Clifford Geertz, da antropologia contemporânea, realizou estudos de campo e publicou obras como *O saber local: novos ensaios em antropologia interpretativa*.

No Brasil, importantes antropólogos são referências em estudos, pesquisas e obras, como Darcy Ribeiro, que escreveu sobre a formação do povo brasileiro e educação, Gilberto Freyre, Roberto DaMatta, Roberto Kant de Lima, Lilia Schwarcz, além de Alba Zaluar, entre outros.

Saiba mais

Leia, no link a seguir, um artigo com registros fotográficos sobre o antropólogo francês Lévi-Strauss no Brasil, da *Revista de Estudos Avançados da Universidade de São Paulo*:

https://goo.gl/jL5ncT

Sobre a importante obra de Darcy Ribeiro, há diversos documentários e vídeos. Acesse o link para assistir ao vídeo *O povo brasileiro*:

https://goo.gl/IriHTG

Tratando-se das principais **tendências do pensamento antropológico contemporâneo**, podemos verificar que as principais são:

- antropologia americana;
- antropologia britânica;
- antropologia francesa.

Há autores que caracterizam diferentes escolas antropológicas, como:

- evolucionismo social;
- escola antropológica (ou sociológica) francesa;
- funcionalismo;
- culturalismo norte-americano;
- estruturalismo;
- antropologia interpretativa;
- antropologia pós-moderna.

O quadro a seguir elucida as tendências gerais contemporâneas, com base em Laplantine (1989, p. 100).

Quadro 1. Tendências do pensamento antropológico contemporâneo.

	Antropologia americana	Antropologia britânica	Antropologia francesa
Principais áreas de investigação	Estudo das personalidades culturais e dos processos de difusões, contatos e trocas interculturais.	Estudo da organização dos sistemas sociais.	Estudo dos sistemas de representações.
Modelos teóricos utilizados	Modelos históricos, geográfico, psicológico e psicanalítico.	Modelo sincrônico e funcionalista do estruturalismo inglês.	Tendência filosófica; modelos sociológico, estruturalista e marxista.
Pesquisadores influentes	Boas Kroeber Benedict	Malinowski Radcliffe-Brown	Durkheim Mauss

Fonte: Adaptado de Laplantine (1989).

Ramos da antropologia

A antropologia pode desenvolver análises, estudos e pesquisas relacionadas a diferentes temáticas:

- históricas;
- culturais;
- biológicas;
- físicas;
- psicológicas;
- linguísticas;
- sociais.

O campo de estudo e investigação da antropologia compreende, portanto, todo e qualquer grupo social, manifestação cultural, bem como todo espaço habitado e tempo de existência humana.

Nesse sentido, considerando que o objeto de estudo da antropologia é complexo e não há uma única forma de abordagem dos fenômenos e das obras humanas, há diferentes ramos na antropologia que podemos compreender como áreas específicas, isto é, como um conjunto de saberes e conhecimentos próprios relacionados a um tema. É importante observarmos que não se trata de uma classificação rígida, pois são áreas que podem dialogar entre si e estabelecer conexões com outras ciências.

Em geral, a antropologia divide-se em duas grandes áreas de estudo:

- antropologia biológica ou física;
- antropologia cultural.

Porém, há diferentes formas de classificar os ramos e campos interdisciplinares dessa ciência, considerando possíveis polos de atuação (antropologia simbólica, social, cultural, estrutural e sistêmica) e/ou a relação com outras ciências, como arte (antropologia da arte), medicina (antropologia da saúde), Direito (antropologia jurídica), biologia e sociologia. São exemplos:

Antropologia física — dimensão biológica; estuda as mudanças evolutivas do homem, sua anatomia, ou seja, sua natureza física, procurando conhecer suas origens e seus processos fisiológicos.

Antropologia cultural — dimensão sociocultural; abrange o estudo do homem como ser cultural, que produz cultura, ritos e manifestações diversas; busca investigar os comportamentos culturais, adquiridos e manifestos por meio do aprendizado, dos diferentes grupos e processos históricos.

Antropologia social — abrange a inserção do homem na estrutura social, que envolve as diferentes sociedades e instituições; considera as diferenças existentes entre grupos humanos e as relações sociais travadas nos diferentes âmbitos da vida social, como o familiar, o econômico, o político, o religioso e o jurídico.

Antropologia linguística — estuda o ser humano a partir da linguagem com que se comunica e se expressa em um contexto social e cultural, seja ela verbal, escrita, artística, entre outras.

Link

O site da Associação Brasileira de Antropologia (ABA) disponibiliza informações e publicações on-line sobre pesquisas e notícias dos ramos da antropologia:

https://goo.gl/uHcH2K

Além disso, diferentes museus têm sites com acervos e informações diversificadas sobre a área, como:
- Museu de Arqueologia e Etnologia da Universidade de São Paulo:

https://goo.gl/NdPDs4

- Museu Nacional de Antropologia do México:

https://goo.gl/uVpsL

Relação entre antropologia e Direito

A partir de uma visão interdisciplinar e crítica, verificamos que as diferentes ciências e áreas do conhecimento se relacionam e, inclusive, podem se desdobrar em novas áreas. A relação entre a antropologia e o Direito é um dos exemplos desse fenômeno, diante, por exemplo, de estudos, análises e pesquisas que agregam saberes de ambas, desdobrando-se, entre outros aspectos, no campo de pesquisa e estudo chamado de **antropologia jurídica** ou **antropologia do Direito** — área que se ocupa do estudo das categorias jurídicas, instituições, rituais, contextos, grupos étnicos e coexistência de sistemas normativos (formais e não formais), entre outras questões.

Historicamente, o Direito se ocupou do estudo de normas e, muitas vezes, foi associado estritamente às leis estatais — regras de convivência obrigatória na sociedade, nas relações públicas e nas relações privadas. Porém, assim como em sua relação com outras ciências, como a sociologia e a filosofia, no caso da antropologia, uma salutar complementaridade e intercâmbio de conhecimentos vem se solidificando no campo do ensino e da pesquisa.

O Direito é, de todo modo, um fenômeno social, produto das relações humanas e sociais, ou seja, é um constructo do homem, que ao se relacionar produz normas, relações jurídicas e instituições. Assim, fica explícita sua relação com os estudos antropológicos, sobretudo, da antropologia social e cultural, centrados no estudo do homem no meio social e cultural.

Diante disso, podemos identificar alguns aspectos fundamentais na relação entre antropologia e Direito:

- análise dos fatores culturais, políticos e sociais que perpassam o mundo jurídico e a atuação dos operadores do Direito, além dos aspectos legais;
- estudos empíricos, com diversas sociedades e grupos sociais, regras estatais e não estatais;
- abordagem pluralista do Direito, diante da diversidade cultural e social e da multiplicidade de manifestações do Direito na vida humana.

Nesse sentido, vejamos a contribuição reflexiva colocada na introdução da obra *Antropologia e Direito: temas antropológicos para estudos jurídicos* (LIMA, 2012, p. 12-14):

> [...] como Clifford Geertz observou, a preocupação compartilhada pelas duas disciplinas em articular o geral com o particular sugere uma identidade de propósitos apenas aparente (Geertz, 1981). Importam aqui os pontos de partida de cada uma delas no exercício de articulação. Enquanto o jurista privilegia o exame de princípios gerais para avaliar aqueles que melhor iluminam a causa em questão, de modo a viabilizar uma solução imparcial, ou seja, não arbitrária, o antropólogo procura esmiuçar os sentidos das práticas e dos saberes locais, indagando se a singularidade da situação etnográfica pesquisada tem algo a nos dizer sobre o universal, em favor de uma interpretação não etnocêntrica e, portanto, também não arbitrária. [...] Assim, ainda que as perspectivas e os instrumentos interpretativos das duas disciplinas não sejam plenamente compreendidos de parte a parte, o diálogo iniciado tem tornado possíveis trocas significativas e uma melhor percepção da atuação do interlocutor na interseção entre antropologia e direito. O diálogo entre essas duas disciplinas também tem se manifestado, mesmo que timidamente, em busca da formulação de leis e da resolução de conflitos interpessoais, expressos em situações de violências de gênero, familiares e homofóbicas, bem como nas redefinições de família, adoção e reprodução.

No campo teórico, a relação entre antropologia e Direito e o ramo da antropologia jurídica discutem diversos fatores culturais e sociais que permeiam os procedimentos e processos legais, normas que regulam o social (de modo formal ou informal). Assim, podemos dizer que, enquanto o Direito tem maior enfoque nos fenômenos legais instituídos, sem problematizá-los, questioná--los ou contextualizá-los, a antropologia contribui ao analisar criticamente e relativizar qualquer fenômeno, como a coexistência de normas estatais e não estatais, os direitos dos povos indígenas, os estudos de desvios das normas legais e a violência urbana, por exemplo, como fenômeno multifatorial.

Exemplo

Entre os temas que resultam da relação entre antropologia e Direito, há uma gama de possibilidades, como, por exemplo:
- direito à diferença;
- cidadania e religiosidades;
- violências e segurança pública;
- direitos territoriais e grupos étnicos;
- terras indígenas;
- terras quilombolas;
- direitos sexuais e reprodutivos;
- identidade de gênero;
- saúde e doença.

Uma visão panorâmica sobre esses temas pode ser encontrada na obra citada *Antropologia e Direito: temas antropológicos para estudos jurídicos* (LIMA, 2012).

Referências

LAPLANTINE, F. *Aprender antropologia*. São Paulo: Brasiliense, 1989.

LIMA, A. C. de S. (Coord.). *Antropologia e direito*: temas antropológicos para estudos jurídicos. 2012. Blumenau: Nova Letra, 2012.

Leituras recomendadas

DESCOLA, P. Claude Lévi-Strauss, uma apresentação. *Revista de Estudos Avançados*, São Paulo, v. 23, n. 67, 2009. Disponível em: <http://www.scielo.br/scielo.php?pid=S0103-40142009000300019&script=sci_arttext>. Acesso em: 16 mar. 2018.

GEERTZ, C. O saber local: fatos e leis em uma perspectiva comparativa. In: GEERTZ, C. *O saber local*: novos ensaios em antropologia interpretativa. Rio de Janeiro: Vozes, 1998.

LIMA, R. K. de; BAPTISTA, B. G. L. B. Como a antropologia pode contribuir para a pesquisa jurídica?: um desafio metodológico. In: *Anuário Antropológico*, v. I, nov. 2013. Disponível em: <http://aa.revues.org/618>. Acesso em: 16 mar. 2018.

MALINOWSKI, B. *Argonautas do pacífico ocidental*. São Paulo: Abril Cultural, 1976.

SCHRITZMEYER, A. L. P. Etnografia dissonante dos tribunais do júri. *Revista Tempo Social*, v. 19, n. 2, p. 111-129, nov. 2007. Disponível em: <http://www.scielo.br/pdf/ts/v19n2/a04v19n2.pdf>. Acesso em: 16 mar. 2018.

SOUTO, C.; FALCÃO, J. *Sociologia e Direito*: textos básicos para a disciplina de sociologia jurídica. São Paulo: Pioneira, 1999.

Cultura e multiculturalismo

Objetivos de aprendizagem

Ao final deste texto, você deve apresentar os seguintes aprendizados:

- Identificar o homem enquanto ser cultural.
- Explicar a relação e a distinção entre cultura e tradição.
- Apresentar a diversidade e pluralidade cultural brasileira: cultura afro-brasileira, indígena e de imigrantes dos diversos continentes.

Introdução

O estudo sobre a cultura e o multiculturalismo é fundamental para compreendermos o ser humano, as suas interações e o seu desenvolvimento nas diferentes sociedades. Como cultura, podemos identificar tudo aquilo que é produzido pelo ser humano, entendido como ser cultural; já o multiculturalismo remete à existência de diferentes culturas.

No caso do Brasil, observamos uma grande diversidade cultural. Neste capítulo, você vai ler sobre o homem — ser humano — enquanto ser cultural, compreender a relação e a distinção entre cultura e tradição, bem como estudar a diversidade cultural brasileira.

Homem enquanto ser cultural

O que caracteriza o homem — o ser humano — e o diferencia dos demais animais? Como podemos defini-lo? O aspecto cultural, a partir das interações e manifestações humanas, é, sem dúvida, a sua principal característica. Mas o que é cultura?

Segundo o autor François Laplantine, antropólogo francês, na obra *Aprender antropologia* (1989), a cultura pode ser compreendida como o próprio social considerado a partir das diferenças:

O **social** é a totalidade das relações (relações de produção, de exploração, de dominação [...]) que os grupos mantêm entre si dentro de um mesmo conjunto (etnia, região, nação [...]) e para com outros conjuntos, também hierarquizados. A **cultura**, por sua vez, não é nada mais que o próprio social, mas considerado dessa vez sob o ângulo dos **caracteres distintivos** que apresentam os comportamentos individuais dos membros desse grupo, bem como suas produções originais (artesanais, artísticas, religiosas [...]) (LAPLANTINE, 1989, p. 120).

Nesse sentido, o autor afirma que a cultura distingue o ser humano dos demais seres, como, por exemplo, os animais. Enquanto sociedade, os animais também podem conviver e ter sociabilidade, mas a produção cultural, a comunicação, a troca e o trabalho são especificamente humanos, como citado a seguir:

[...] o que distingue a sociedade humana da sociedade animal, e até da sociedade celular, não é de forma alguma a transmissão das informações, a divisão do trabalho, a especialização hierárquica das tarefas (tudo isso existe não apenas entre os animais, mas dentro de uma única célula!), e sim essa forma de comunicação **propriamente cultural** que se dá através da troca não mais de signos e sim de símbolos, e por elaboração das atividades rituais aferentes a estes. Pois, pelo que se sabe, se os animais são capazes de muitas coisas, nunca se viu algum soprar as velas de seu bolo de aniversário (LAPLANTINE, 1989, p. 121).

O ser humano é cultural, pois há uma comunicação que é cultural, isto é, produzida pelos homens e entre eles, que transforma a natureza, o seu meio, aperfeiçoa meios de sobrevivência, desenvolve técnicas, como o direito, a arquitetura, a tecnologia, a música, a ciência, a arte, entre outros, por meio do uso da razão, do trabalho e da lógica. O desenvolvimento da cultura e do homem como ser cultural se dá, eminentemente, por meio da interação, das manifestações culturais, da linguagem, do processo de ensino e das tradições, que são passadas entre gerações e grupos em um determinado contexto social.

Várias formas de diferença e desigualdade convivem na sociedade contemporânea. Ao longo de suas trajetórias de vida, os indivíduos se identificam e se diferenciam dos outros das mais diversas maneiras. [...] Os marcadores sociais da diferença são sistemas de classificação que organizam a experiência ao identificar certos indivíduos com determinadas categorias sociais (ZAMBONI, 2015, p. 13).

Diversas ciências se ocupam do estudo do homem enquanto ser cultural, das suas manifestações, distinções, interações e dos seus comportamentos, como é o caso da antropologia, da sociologia e da psicologia. Outras áreas — como arquitetura, letras, pedagogia e Direito — têm como objeto manifestações próprias do ser humano, como a linguagem escrita e falada, o processo de ensino e aprendizagem, o desenvolvimento de técnicas, estruturas e ocupação, bem como o universo jurídico, tomando o Direito como manifestação de uma cultura e sociedade, que se modifica ao longo do tempo.

Saiba mais

No campo de estudo da antropologia, que é uma ciência que considera o homem em todas as suas dimensões, há uma área, ou ramo específico, que se ocupa de estudar as manifestações culturais dos seres humanos. Trata-se da **antropologia cultural**, que estuda as características que distinguem as condutas dos seres humanos e os faz identificar ou pertencer a uma mesma cultura, considerando os diferentes tempos e espaços de presença humana.

O seu principal meio de pesquisa e estudo é a observação direta dos comportamentos dos indivíduos, das suas interações com outras pessoas e com o meio em que vivem, o que inclui hábitos, costumes, rituais, transmissão de conhecimentos e adoção de normas de uma ou mais culturas. O termo **aculturação** é utilizado nos casos em que duas ou mais culturas entram em contato e desencadeiam mudanças em uma delas ou ambas, que podem adotar costumes reciprocamente. Ocorre, ainda, nos casos de imposição de uma cultura sobre a outra, como, por exemplo, em alguns processos de colonização de um povo sobre outro.

Cultura e tradição

A partir da compreensão do ser humano como ser cultural, verificamos que o conceito de cultura é de fundamental importância, assim como o de tradição. Isso porque ambos se relacionam no que diz respeito à transmissão de conhecimento, práticas e comportamentos entre gerações. No entanto, há diferenças conceituais importantes na forma como se compreende cada categoria e as suas manifestações.

O Quadro 1 elucida a distinção entre cultura e tradição.

Quadro 1. Distinção entre cultura e tradição.

	Cultura	Tradição
O que é	Do latim *cultura*, *culturae*, que significa "ação de tratar", "cultivar" ou "cultivar a mente e os conhecimentos". A palavra *culturae* se originou a partir de outro termo latino: *colere*, que quer dizer "cultivar as plantas" ou "ato de plantar e desenvolver atividades agrícolas".	A palavra tradição é mais dinâmica do que parece à primeira vista. *Traditio*, em latim, é a ação de entregar, de transmitir algo a alguém, de confiar algo valioso a outra pessoa. Uma pessoa tradicional é aquela que recebeu (e precisar transmitir depois) um conhecimento, uma herança ou uma responsabilidade do passado.
Como pode se manifestar	Com o passar do tempo, a palavra cultura foi colocada de modo análogo entre o cuidado na construção e tratamento do plantio, com o desenvolvimento das capacidades intelectuais e educacionais das pessoas. Cultura popular, cultura organizacional e antropologia cultural.	A tradição revela um conjunto de costumes, crenças, práticas, doutrinas, leis, que são transmitidos de geração em geração, em dado grupo social, e que permite a continuidade de uma cultura ou de um sistema social. No direito, a tradição consiste na entrega real de uma coisa para efeitos da transmissão contratual da sua propriedade ou da sua posse entre pessoas vivas. A situação jurídica resulta de uma situação de fato: a entrega. Entretanto, a tradição poderá não ser material, mas apenas simbólica. Tradição religiosa.

Fique atento

Os termos cultura e tradição possuem diferentes usos na linguagem falada, coloquial. É importante observar que, no campo da sociologia e antropologia, possuem uma conceituação própria, específica, como produto da manifestação e construção humana, constituindo-se um conjunto de bens materiais e imateriais produzidos.

Com relação à palavra **cultura**, por exemplo, por vezes fazemos referência, na oralidade, a uma sociedade ou uma determinada época: a cultura indiana ou a cultura dos antigos. Ademais, falamos que algo é cultural quando diz respeito a determinado grupo, que o torna distinto e específico, diferente, e que permite ser reconhecido, como a cultura sertaneja ou cultura erudita. Outra expressão é choque cultural para se referir a diferentes culturas ou pessoas de locais diferentes que se encontram e intercambiam, lembrando que não podemos comparar culturas, mas evidenciar as suas diferenças. De forma popular, a palavra cultura também pode ser utilizada como algo que faz referência ao conhecimento, ao que é elevado, desenvolvido e/ou artístico.

A palavra **tradição**, por sua vez, remete a coisas remotas, antigas, que dizem respeito ao passado e, em boa parte das ocasiões em que é pronunciada, é associada a algo obsoleto ou costumeiro em um determinado grupo ou tempo.

A relação entre cultura e tradição coloca-se a partir de uma visão de manifestação humana e comportamento tipicamente do homem, como as lendas, as crenças e os costumes. Os elementos da tradição — como formas de se vestir, ritos de passagem, organização de trabalhos, cerimônias e religiões — podem passar a fazer parte de uma dada cultura. Por isso, a cultura se refere, de modo geral, aos modos de vida de uma sociedade ou grupo, pois inclui tanto os aspectos materiais e tangíveis (como símbolos, objetos e tecnologias) quanto imateriais ou intangíveis (como crenças, valores e ideias).

Além disso, o costume é considerado uma fonte do Direito, ao lado de outras, como a lei e a jurisprudência, lembrando que o Direito se modifica à medida que a sociedade e o homem também são modificados. Assim, no campo do Direito, os fatores culturais e da tradição estão relacionados à evolução do Direito e às suas fontes.

De acordo com Sergio Cavalieri Filho (2015), ao considerar a concepção sociológica do Direito como produto de múltiplas influências sociais, vivenciamos regras sujeitas a constantes modificações, porque se originam dos grupos sociais, que também se transformam ao longo do tempo. Assim, entre os principais fatores que concorrem para a evolução do direito, o autor elenca:

- fatores econômicos;
- fatores políticos;

- fatores culturais;
- fatores religiosos.

Em relação aos fatores culturais, o autor afirma que:

> Cada povo tem sua peculiaridade, sua tendência ou dom natural. A Grécia, por exemplo, notabilizou-se pela arte, pela cultura; os hebreus pela religião; os fenícios pela navegação; Roma pelo direito. Pois o direito de cada um desses povos reflete o aspecto cultural em que mais se desenvolveram, e quando a cultura de um é colocada em contato com a do outro, há influências recíprocas sobre o direito de cada um. A conquista da Grécia, como é sabido por todos, exerceu influência decisiva, não apenas nas artes e na literatura romanas, mas também nas suas instituições jurídicas. [...] A maior evidência de ser o Direito uma manifestação de cultura social, um fenômeno cultural, está no fato de surgirem novos ramos do Direito à medida que se expande o mundo cultural do povo. Falamos hoje em Direito Espacial, Nuclear, das Telecomunicações etc. [...] (CAVALIERI FILHO, 2015, p. 56-57).

Diferentes matrizes culturais no Brasil: diversidade e pluralidade afro-brasileira, indígena e de imigrantes dos diversos continentes

O Brasil é formado por diferentes matrizes culturais. Os diferentes grupos étnicos, tanto os que aqui já habitavam antes da chegada dos colonizadores quanto os próprios colonizadores, passaram a conviver e a constituir a população.

Em linhas gerais, podemos dizer que a população do Brasil é formada por indígenas, europeus e negros — africanos e afro-brasileiros. Os membros da comunidade africana foram trazidos violentamente ao Brasil, durante o processo de colonização, e submetidos a trabalhos forçados e escravos. Muitos resistiram e imprimiram a sua cultura no Brasil, como a comida, música e arte.

Com relação aos imigrantes, a presença de europeus se deu na formação da população brasileira por meio dos portugueses colonizadores, além da chegada no século XIX de populações italianas e asiáticas — cuja maioria veio em busca de melhores formas de vida e trabalho.

A partir dessa formação, a cultura brasileira recebeu diversas influências e matrizes culturais que originaram a diversidade e a pluralidade presentes na história e no contemporâneo brasileiro. Essa formação diversificada pode ser identificada nas diferentes manifestações culturais presentes no País, nos traços presentes na população e nas diferenças de culturas e tradições regionais.

A Constituição Federal de 1988, ao tratar, no art. 215, do direito à cultura, visou proteger as diferentes manifestações e patrimônios culturais que integram a formação social do País, ao afirmar que "o Estado apoiará e incentivará a valorização e a difusão das manifestações culturais" e que "protegerá as manifestações das culturas populares, indígenas e afro-brasileiras, e das de outros grupos participantes do processo civilizatório nacional" (BRASIL, 1988).

Além disso, a Carta Magna reconhece como patrimônio cultural brasileiro os bens materiais e imateriais, como o próprio conceito de cultura nos informa, incluindo ações e memória dos diferentes grupos em relação às formas de expressão, modos de criar e viver, criações científicas e artísticas, obras, objetos, documentos e edificações, entre outros, definidos no art. 216.

Link

Os Centros de Tradições Gaúchas e os Centros de Tradições Nordestinas espalhados pelo Brasil são exemplos de instituições culturais que visam manter registros, atividades e práticas voltados a tradições específicas da cultura brasileira, seja no campo da música, da gastronomia, da religião ou da arte em geral. Outro exemplo é o Museu da Imigração do Estado de São Paulo, que mantém acervos visando à preservação da memória das pessoas que chegaram ao Brasil e ao aprofundamento sobre o processo migratório, valorizando as diferenças e o encontro das múltiplas histórias e origens.

Há, também, o Museu Afro-Brasil, que destaca a perspectiva africana na formação do patrimônio, da identidade e da cultura brasileira, e o Memorial da América Latina, um espaço de acervo e atividades concebido para promover a integração cultural e política dos povos de língua portuguesa e hispano-americana.

Ainda, o Museu Afro-digital da Memória Africana e Afro-brasileira disponibiliza documentos digitais, visando promover o reconhecimento e a preservação do patrimônio africano e afro-brasileiro em formato digital para reafirmar a sua presença na cultura nacional. Acesse os links:
- Centro de Tradições Nordestinas — **https://goo.gl/CKbem2**
- Museu da Imigração do Estado de São Paulo — **https://goo.gl/r1zxB**
- Museu Afro — **https://goo.gl/9seQ1**
- Memorial Espaço Público de Cultura — **https://goo.gl/V5p95**
- Museu Afro-digital — **https://goo.gl/CRx3dM**

O antropólogo brasileiro Darcy Ribeiro, ao abordar a história do Brasil e a formação do povo brasileiro, apresenta aspectos-chave para compreender a formação étnica e cultural do Brasil. É preciso compreender que, para além da rica mistura cultural, também ocorreu um processo histórico violento e opressor em relação às etnias indígenas e à população negra — povos africanos e afro-brasileiros. Ambos foram escravizados e tiveram oprimidas as suas culturas, por meio de estratégias de separação de populações que não puderam preservar o seu patrimônio cultural.

Assim, o africano que chegou forçado ao Brasil teve a sua identidade negada e marginalizada. Para o antropólogo, a contribuição da cultura negra para a identidade brasileira estaria principalmente nas crenças religiosas, na música e na gastronomia. A mistura cultural, de referências e influências no Brasil, gerou uma nova identidade — brasileira — a partir de mesclas, como com os afro-brasileira, a fim de acolher as variadas populações, mas que passou pela anulação e indiferenciação das especificidades culturais e étnicas.

Por fim, vale destacar que Darcy Ribeiro (1995) aborda a presença de cinco grandes culturas no País, como:

- o Brasil crioulo, influenciado pelo continente africano;
- o Brasil caboclo, influenciado pelos indígenas;
- o Brasil sertanejo, influenciado pelo sertão;
- o Brasil caipira, influenciado pelo centro-oeste e sudeste;
- o Brasil sulino, influenciado por mamelucos, gaúchos e cultura europeia.

Referências

BRASIL. Constituição. (1988). *Constituição da República Federativa do Brasil.* 1988. Disponível em: <http://www.planalto.gov.br/ccivil_03/constituicao/constituicaocompilado.htm>. Acesso em: 31 jan. 2018.

CAVALIERI FILHO, S. *Programa de sociologia jurídica.* Rio de Janeiro: Forense, 2015.

LAPLANTINE, F. *Aprender antropologia.* São Paulo: Brasiliense, 1989.

RIBEIRO, D. *O povo brasileiro:* a formação e o sentido do Brasil. São Paulo: Companhia das Letras, 1995.

ZAMBONI, M. *Marcadores sociais.* 2015. Disponível em: <https://goo.gl/sVcmgc>. Acesso em: 31 jan. 2018.

Leituras recomendadas

GOMES, N. L. *Alguns termos e conceitos presentes no debate sobre relações raciais no Brasil:* uma breve discussão. 2012. Disponível em: <https://goo.gl/sp85G5>. Acesso em: 31 jan. 2018.

SILVÉRIO, V. R. (Coord.). *Síntese da coleção história geral da África:* pré-história ao século XVI. Brasília: Unesco, 2013. Disponível em: <http://unesdoc.unesco.org/images/0022/002270/227007POR.pdf>. Acesso em: 31 jan. 2018.

SILVÉRIO, V. R. (Coord.). *Síntese da coleção história geral da África:* século XVI ao século XX. Brasília: Unesco, 2013. Disponível em: <http://unesdoc.unesco.org/images/0022/002270/227008POR.pdf>. Acesso em: 31 jan. 2018.

WOLKMER, A. C.; LEITE, J. R. M. *Os "novos" direitos no Brasil:* natureza e perspectivas. São Paulo: Saraiva, 2003.

O Direito, a cultura e as sociedades humanas

Objetivos de aprendizagem

Ao final deste texto, você deve apresentar os seguintes aprendizados:

- Identificar o Direito como manifestação da cultura.
- Apresentar o Direito como forma de solucionar litígios.
- Expor formas culturais de resolução de conflitos em algumas sociedades humanas.

Introdução

O estudo sobre o Direito, a cultura e as sociedades humanas é fundamental na compreensão do Direito como manifestação da cultura, ou seja, como manifestação humana. O Direito, como ciência e como um conjunto de saberes, normas e relações, pode ser compreendido como forma de solucionar litígios e de estabelecer ordenamentos para a convivência humana na sociedade.

Há diferentes formas de resolução e mediação de conflitos nas distintas sociedades, motivo pelo qual a relação entre Direito e cultura ancora a diversa gama de resoluções possíveis de conflitos, considerando-se as diferentes sociedades humanas.

Neste capítulo, você vai ler sobre a relação entre o Direito, a cultura e as sociedades humanas, a partir de conhecimentos antropológicos e sociológicos.

Direito como manifestação da cultura

No campo da ciência jurídica e na área da sociologia e antropologia do Direito, há diversos estudos relacionados ao Direito como manifestação da cultura. Partindo da premissa de que o Direito é uma manifestação propriamente humana, podemos afirmar que é manifestação da cultura, se tomarmos o conceito de cultura como substrato do que é próprio do ser humano, isto é, o que distingue o ser humano dos demais seres.

Segundo o antropólogo François Laplantine, na obra *Aprender antropologia* (1989), a cultura pode ser compreendida como o próprio social considerado a partir das diferenças, "[...] dos caracteres distintivos que apresentam os comportamentos individuais dos membros desse grupo, bem como suas produções originais (artesanais, artísticas, religiosas...)" (LAPLANTINE, 1989, p. 120).

Considerando a concepção de ser humano como ser social e cultural, que modifica a natureza e imprime linguagens e racionalidade ao que faz, o Direito é também uma manifestação da cultura, vez que se traduz, sobretudo, por meio de normas, costumes e procedimentos vigentes em determinada sociedade, determinado contexto e determinada época. Trata-se de uma ferramenta cuja criação e aplicação, ao longo da história, reflete aspectos sociais, econômicos, políticos, ideológicos e culturais, de modo que podemos conceber o Direito com produto da ação humana e da convivência social, pois resulta desta e, ao mesmo tempo, regula situações da mesma convivência.

Como um dos principais elementos do Direito, a sua ação reguladora e definidora de normas vinculadoras resulta da mediação de conflitos e da solução de situações de litígio entre pessoas e grupos, de modo que sejam possíveis a convivência humana e a sobrevivência. A criação do Direito, assim, como manifestação da cultura e do ser humano, faz parte da necessidade de existirem normas que definam essa mesma convivência e, em última análise, da guerra de todos contra todos, como afirma Thomas Hobbes. Diante de novas realidades, necessidades e compreensões, novos direitos também vão surgindo, de modo a mitigar conflitos e prover soluções.

De acordo com Souto e Falcão, na obra *Sociologia e Direito*:

> No que toca à práxis do direito tal como praticado em nossos Tribunais, Faculdades, escritórios e empresas, enfim no cotidiano de cada um, sua concepção como fenômeno social traz contribuição também importante. A principal, com certeza, será a possibilidade de nossos advogados, juízes e legisladores, professores e estudantes iniciarem um processo de avaliação racional do desempenho do sistema jurídico. [...] Vai permitir que se avalie a contribuição das profissões jurídicas na caracterização do sistema de Direito

como determinado e determinantes de nossos sistemas político, econômico e social em geral. Não é à toa que a crise do direito é muitas vezes entendida como a distância que tem separado o "direito positivo" da realidade, dos fatos sociais. Uma concepção sociológica do Direito tem mérito que outras não têm. Na medida de suas diversas concepções teóricas, desenvolve conceitos e/ou proposições sobre os processos de consenso, competição e conflito entre indivíduos, grupos sociais em geral e classes sociais em particular, possibilitando uma correspondente explicação de fundo empírico e histórico [...] (SOUTO; FALCÃO, 1999, p. 11).

Nesse sentido, é imprescindível situarmos o Direito como ciência fruto do social, que se ancora ao fato social — é fruto do vivido e experimentado pelas pessoas, ou seja, produto da ação humana. Assim, os próprios conflitos interindividuais e sociais presentes no social acabam requerendo uma ação também humana, seja na definição de acordos, consensos ou rupturas, seja na ação de terceiros que podem mediar conflitos e/ou propor soluções, ancorados no conjunto de normas vigentes.

Link

No universo jurídico formal, a criação de novas leis passa por um processo específico, chamado **processo legislativo**, a depender do tipo de lei, do assunto e da abrangência. No Brasil, o processo legislativo tem início por meio da apresentação das seguintes proposições:
- projeto de lei;
- projeto de resolução;
- projeto de decreto legislativo;
- medida provisória;
- proposta de emenda à Constituição Federal de 1988.

Para saber mais, acesse:

https://goo.gl/R3iPHa

Direito como forma de solucionar litígios

A partir da compreensão do Direito como manifestação da cultura, verificamos que se constitui como uma das principais formas de regulação da vida em sociedade e da convivência humana. Assim, é também uma das formas de solucionar litígios, ao prever normas, condutas, procedimentos e práticas específicas para as mais diversas áreas e relações, como as relações civis, comerciais, familiares e afins.

Entre as formas e os métodos assumidos, pelo Direito ocidental, como destinados à resolução de conflitos, litígios e disputas interindividuais e sociais, podemos sintetizar em três principais grupos, com base em Delgado (2002), conforme o Quadro 1, a seguir.

Quadro 1. Três principais grupos de formas assumidas para a resolução de conflitos, litígios e disputas interindividuais e sociais.

Autotutela	Autocomposição	Heterocomposição
Ocorre quando o próprio sujeito busca afirmar, unilateralmente, o seu interesse à parte contestante e à própria comunidade que o cerca. Permite o exercício de coerção por um particular, em defesa dos seus interesses. Exemplo: no Direito do Trabalho, a greve garantida legalmente é exemplo da utilização da autotutela na dinâmica de solução de conflitos coletivos trabalhistas.	O conflito é solucionado pelas partes, sem a intervenção de outros agentes. Verifica-se essa prática seja pelo despojamento unilateral em favor de outrem, seja pela aceitação ou resignação de uma das partes, seja pela concessão recíproca. São modalidades de autocomposição: renúncia, aceitação e a transação — que podem ocorrer em um processo judicial ou na sociedade civil (extra/fora de um processo judicial).	Ocorre quando o conflito é solucionado por meio da intervenção de um agente exterior à relação conflituosa. As partes (ou até mesmo uma delas unilateralmente, no caso do processo judicial — jurisdição) submetem a terceiro seu conflito, em busca de solução a ser por ele firmada. São modalidades de heterocomposição: jurisdição, arbitragem, mediação e conciliação.

Fonte: Adaptado de Delgado (2012).

O poder de jurisdição, como citado na heterocomposição, diz respeito ao poder–dever conferido ao Estado, em substituição aos sujeitos particulares, de dizer sobre a aplicação do Direito em determinada situação concreta trazida a seu exame, efetivando a solução jurídica encontrada a respeito. A **jurisdição** é considerada:

- poder (do Estado sobre partes de um conflito);
- função (de aplicar o Direito em relação a um litígio);

- atividade (atos e manifestações que se desdobram na declaração do que é direito no caso concreto).

O resultado da resolução do conflito pela via jurisdicional consuma-se por meio da **sentença**, que é o ato pelo qual o juiz decide o litígio e a lide entre as partes envolvidas. Destacamos que há autores que compreendem a divisão da jurisdição de diferentes formas, considerando critérios como os sujeitos envolvidos e o procedimento utilizado. Existem autores que consideram, por exemplo, a conciliação e a mediação como meios autocompositivos e como meios heterocompositivos a arbitragem e a jurisdição. De todo modo, é importante conhecer, em linhas gerais, a proposta de cada método e a necessidade de que as partes participem de modo voluntário, sem coação.

Arbitragem — arbitrar significa opinar, decidir. Esse método ocorre quando a fixação da solução de certo conflito entre as partes é entregue a um terceiro, denominado árbitro. Este não pode ser o juiz de Direito, para que não se confunda com o poder de julgar/jurisdição. A lei de arbitragem não prevê a hipótese de juiz de carreira atuando como árbitro (Lei n° 9.307, de 23 de setembro de 1996); e a Lei n° 9.099, de 26 de setembro de 1995, prevê que os árbitros, nos juizados especiais, serão escolhidos entre os juízes leigos.

Mediação — ocorre quando um terceiro aproxima as partes conflituosas, auxiliando, propondo e facilitando acordos — porém, o conflito é decidido pelas próprias partes envolvidas. Esse método confere menor destaque ao papel do agente exterior. Pode ocorrer dentro de um processo judicial ou anterior/fora deste.

Conciliação — método de solução de conflitos em que as partes agem na composição, no acordo, mas são dirigidas por um terceiro. A força condutora conciliatória por esse terceiro é real, que pode propor uma dada solução e, muitas vezes, o resultado que, originalmente, não era imaginado ou buscado pelas partes.

Fique atento

No Brasil, desde de 2010, há uma Resolução do Conselho Nacional de Justiça (CNJ) — órgão que visa otimizar o trabalho do sistema judiciário —, que dispõe sobre a Política Judiciária Nacional de tratamento adequado dos conflitos de interesses no âmbito do Poder Judiciário, que considera:

> [...] a conciliação e a mediação são instrumentos efetivos de pacificação social, solução e prevenção de litígios, e que a sua apropriada disciplina em programas já implementados no país tem reduzido a excessiva judicialização dos conflitos de interesses, a quantidade de recursos e de execução de sentenças; a relevância e a necessidade de organizar e uniformizar os serviços de conciliação, mediação e outros métodos consensuais de solução de conflitos, para lhes evitar disparidades de orientação e práticas, bem como para assegurar a boa execução da política pública, respeitadas as especificidades de cada segmento da Justiça. Trata-se de Resolução CNJ nº 125 de 29/11/2010.

Fonte: Brasil (2010).

Formas de resolução de conflitos

A partir das diferentes formas como se organizam as distintas sociedades, temos também diferentes formas de resolução de conflitos. Seja dentro ou fora do âmbito do Direito, as maneiras de se solucionar uma disputa podem surgir à medida que os conflitos se colocam e impera a necessidade de restaurar e manter a convivência.

Diferentes sociedades resultam de diferentes culturas e manifestações e, portanto, de diferentes modos de dizer e aplicar o Direito. Assim, no caso de conflitos e disputas, há também variadas formas de lidar e solucionar. Há formas jurídicas de solução de conflitos e formas culturais, dentro ou fora do âmbito do Direito, que podem estar atreladas às normas de convivência, tradições e costumes.

De todo modo, há alguns elementos que permitem identificar sistemas de resolução de conflitos e de existência de saberes jurídicos, com foco na efetivação de justiça, em qualquer sociedade humana, independentemente de sua etnia, raça ou período histórico. Shelton Davis (1973) afirma que podemos identificar que, em toda sociedade:

- há um conjunto de categorias culturais, símbolos, costumes, regras ou códigos que definem os direitos e deveres entre as pessoas, de modo oral, escrito ou não, formal ou informal;
- surgem disputas e conflitos quando essas regras são rompidas;
- há meios institucionalizados por meio dos quais esses conflitos são resolvidos e as regras de convivência são reafirmadas e/ou redefinidas.

Fique atento

Elementos da tradição, como formas de se vestir, ritos de passagem, organização de trabalhos, cerimônias e religiões podem passar a fazer parte de uma dada cultura. Por isso, também quando falamos em diferentes formas de solução de conflitos, é importante lembrar que integram as possíveis formas de resolver suas disputas:
- as maneiras como diferentes sociedades concebem o mundo, os seus mitos e as suas crenças;
- a forma como se organizam, dividem o trabalho e se constituem como grupo.

Além disso, destacamos que o costume é considerado uma fonte do Direito, ao lado de outras, como a lei e a jurisprudência, lembrando que o Direito se modifica, à medida que a sociedade e o homem também são modificados. Assim, no campo do Direito, os fatores culturais e da tradição estão relacionados à evolução do Direito, bem como às suas fontes.

O Direito não é a única via ou forma de se resolver conflitos. No mundo ocidental, ele se colocou como a forma mais tradicional e imperativa para tal, mas, ainda assim, não pode ser considerada a única forma — inclusive porque o Direito se modifica e assume diferentes nuances, podendo se modificar enquanto forma e conteúdo.

Podemos considerar a **autotutela** como a forma mais antiga de se resolver conflitos, pois ocorria quando as pessoas reagiam a determinado ato, faziam justiça com as próprias mãos, visto que, nas sociedades mais antigas, ainda não havia instituições, Direito e poderes constituídos (como o Estado a partir do Judiciário, Legislativo e Executivo), destinados a resolver conflitos, produzir leis e afirmar o direito vigente. Assim, os conflitos interindividuais, entre particulares, eram resolvidos, em geral, pelo uso da força tanto física quanto moral ou econômica.

A frase ou o ditado *olho por olho, dente por dente* descreve essa situação, em que a retaliação e a reação direta e recíproca a determinado ato são realizadas visando a sua punição, não necessariamente a resolução de um conflito.

Exemplo

Um importante exemplo, ao longo da história, relacionado ao encaminhamento de um litígio histórico, diz respeito ao advogado Nelson Mandela, primeiro presidente eleito da África do Sul que colocou em prática princípios da justiça restaurativa — em oposição à justiça punitiva. Ele aplicou esses princípios ao enfrentar os desdobramentos do sistema racista imposto com o *apartheid* — segregação racial legalmente aceita entre 1948 e 1994 no País, em que se retiravam direitos da população negra e se oferecia privilégio aos brancos.

Assim, ao assumir a presidência do País, entre 1994 e 1999, Nelson Mandela verificou que haveria violência de cunho vingativo contra os que cometeram violações relacionados ao período do *apartheid*. A sua ação foi propor uma anistia aos violadores, com a condição de que reconhecessem todos os atos cometidos e pedissem perdão às pessoas e aos familiares afetados, assumindo a responsabilidade material. Assim, ocorreu um processo complexo em que toda a comunidade precisou participar ativamente, a fim de restaurar relações e colocar um fim em um grande ciclo de violências contra a população negra. Trata-se de um importante exemplo de solução de conflito e de transição de um cenário nacional com base na justiça restaurativa, que modificou toda uma sociedade e permitiu enfrentar a violência.

"A justiça restaurativa recorda que não se paga com anos de condenação, mas com uma nova atitude e uma responsabilidade em relação às vítimas."

Fonte: André (2013).

No Brasil, práticas de mediação de conflitos, dentro e fora do âmbito do Poder Judiciário, têm ganhado destaque e participantes no seu território. Veja algumas práticas instituídas:

Programa Mediação de Conflitos, no Estado de Minas Gerais — que atua, há mais de 10 anos, em territórios de vulnerabilidade social e baixo acesso a direitos, com projetos individuais, comunitários e temáticos. Vincula-se às ações governamentais de prevenção social, não ao Judiciário (MINAS GERAIS, 2017).

Polo de conciliação e mediação indígena — criado em 2015 pelo Tribunal de Justiça do Estado de Roraima, por meio de Centros Judiciários de Solução de Conflitos e Cidadania, em que as próprias comunidades indígenas, de diferentes etnias, podem realizar sessões de conciliação e mediação, aplicando seus costumes e suas tradições na resolução de seus conflitos internos à comunidade (MODERNELL; ROSA; SILVEIRA, 2017).

Câmara de Conciliação e Arbitragem da Administração Federal (CCAF) — instituída em 2007, em âmbito federal, tem como função avaliar pedidos de resolução de conflitos, por meio de conciliação, no âmbito da Advocacia-Geral da União.

Referências

ANDRÉ. *Nelson Mandela e a justiça restaurativa*. 2013. Disponível em: <http://www.ihu.unisinos.br/171-noticias/noticias-2013/521692-nelson-mandela-e-a-justica-restaurativa>. Acesso em: 16 mar. 2013.

BRASIL. *Resolução nº. 125, de 29 de novembro de 2010*. Dispõe sobre a Política Judiciária Nacional de tratamento adequado dos conflitos de interesses no âmbito do Poder Judiciário e dá outras providências. 2010. Disponível em: <http://www.cnj.jus.br/busca-atos-adm?documento=2579>. Acesso em: 16 mar. 2018.

DAVIS, S. H. *Antropologia do Direito*. Rio de Janeiro: Zahar, 1973.

DELGADO, M. G. Arbitragem, mediação e comissão de conciliação prévia no direito do trabalho brasileiro. *Revista LTr*, São Paulo, v. 66, n. 6, jun. 2002.

LAPLANTINE, F. *Aprender antropologia*. São Paulo: Brasiliense, 1989.

MINAS GERAIS. Secretaria de Estado de Segurança Pública. *Mediação*. 2017. Disponível em: <http://www.seds.mg.gov.br/2013-07-09-19-17-59/mediacao-de-conflitos>. Acesso em: 16 mar. 2018.

MODERNELL, B. D. L.; ROSA, V. de C.; SILVEIRA, E. D. *Formas alternativas de solução de conflitos na terra indígena Raposa Serra do Sol*: o primeiro polo de conciliação e mediação indígena no Brasil. 2017. Disponível em: <https://goo.gl/CQZFNv>. Acesso em: 16 mar. 2018.

SOUTO, C.; FALCÃO, J. *Sociologia e Direito*: textos básicos para a disciplina de sociologia jurídica. São Paulo: Pioneira, 1999.

Leituras recomendadas

BRASIL. *Lei nº. 9.099, de 26 de setembro de 1995*. Dispõe sobre os Juizados Especiais Cíveis e Criminais e dá outras providências. 1995. Disponível em: <http://www.planalto.gov.br/ccivil_03/leis/L9099.htm>. Acesso em: 16 mar. 2018.

BRASIL. *Lei nº. 9.307, de 23 de setembro de 1996*. Dispõe sobre a arbitragem. 1996. Disponível em: <http://www.planalto.gov.br/ccivil_03/leis/L9099.htm>. Acesso em: 16 mar. 2018.

O homem e a sociedade das massas

Objetivos de aprendizagem

Ao final deste texto, você deve apresentar os seguintes aprendizados:

- Conceituar massificação do homem e da sociedade.
- Identificar em que momento o homem passou a ser considerado produto de massa.
- Abordar as críticas quanto à massificação do homem e da sociedade.

Introdução

O estudo sobre a massificação do homem e da sociedade é fundamental para a compreensão da sociedade moderna como produtora e produto de massa. A sociedade de massas é caracterizada, entre outros aspectos, por consumo, grandes populações e produção em massa de bens, produtos e serviços.

Na contextualização da sociedade de massas e na identificação do homem como produto de massa, estão presentes questões ligadas ao desenvolvimento econômico resultante do processo de industrialização, ao crescimento na produção de bens e serviços e às relações entre indivíduos e instituições. Ademais, o advento dos meios de comunicação de massa influenciou, fortemente, os costumes e as referências, que foram generalizadas no meio social.

Neste capítulo, você vai ler sobre o conceito de sociedade de massas, o seu surgimento e o homem como produto de massa, além das abordagens críticas relacionadas à massificação do homem e da sociedade.

Massificação do homem e da sociedade

Na área das ciências humanas e sociais, o tema da sociedade das massas é fundamental para a compreensão das ações humanas e dos interesses padronizados, sobretudo a partir do processo de industrialização, modernização e urbanização. Os temas correlatos se somam a essa discussão, como é o caso da indústria cultural, cultura de massa e meios de comunicação de massa.

Para o campo do Direito, trata-se de tema que influencia a emergência de novos sujeitos de direitos e de áreas de estudo, pesquisa e atuação jurídica, como, por exemplo:

- a propriedade intelectual;
- o Direito do consumidor;
- os movimentos sociais;
- o Direito Civil em geral.

Assim como nos estudos socioantropológicos sobre o ser humano como ser social e cultural, o Direito é permanentemente impactado pelas manifestações das mais diversas ordens que ocorrem no social, pois é também fruto desse processo.

O conceito de sociedade de massa, utilizado no meio acadêmico, diz respeito a uma forma de organização social específica e bastante recente. Trata-se de sociedade em que a maioria da população encontra-se inserida em um processo de produção e consumo em larga escala de bens de consumo e serviços, além de estar em conformidade com determinado modelo de comportamento generalizado — padronizado e esperado. Por isso, o termo **massa** é utilizado, pois faz alusão ao que não tem autonomia de ação, que é manipulado.

A sociedade de massas pode ser entendida, assim, como a sociedade em que os indivíduos agem de forma semelhante no tocante aos gostos e interesses. As **principais características da sociedade de massas** são:

- forma de estruturação social observada em sociedades industriais e imersas no processo de modernização;
- presença de comportamentos de consumo e produção em massa de bens, produtos e serviços;
- grandes populações das metrópoles, que constituem-se como sociedades de massas.

Em termos históricos, a sociedade de massa surgiu em um momento tardio no processo de modernização, quando do aumento populacional, ao lado do surgimento dos meios de transporte modernos e da imprensa. Entre os principais aspectos, citamos o desenvolvimento econômico resultante do rápido processo de industrialização com foco na produção de bens de consumo em massa e de serviços. O processo de urbanização e a concentração da população nas grandes cidades — gerando fenômenos como metrópoles, megalópoles e centros — culminaram em diferentes formas de relações entre sujeitos, sociedade e instituições.

Fique atento

No processo da Revolução Industrial, o modelo de produção fordista predominava e se caracterizava, principalmente, pela produção em série de produtos, como a produção em massa de carros com alto rendimento financeiro, a partir de um processo de padronização da produção, com linhas de montagem, e a fabricação em larga escala. Da mesma forma, a sociedade de massas visa produzir formas de vida padronizadas, massificadas, que posteriormente se pautaria no consumismo, nos ditames dos meios de comunicação de massa como estratégia de alienação ideológica e na vida nos grandes centros urbanos.

Nesse contexto, a maior burocratização da vida social e a intensificação da formalização das relações influenciaram o enfraquecimento das formas de ações individuais e autônomas, pois foram submetidas a um padrão maior esperado pelo meio social e massificador de ações pelas pessoas. Com isso, também desencadeou um processo de fragilização das culturas tradicionais, pois foram igualmente submetidas a um controle alienante e massificador, em um processo de aculturação e sujeição permanentes.

Além disso, o advento e o refinamento dos meios de comunicação de massa levaram à alienação e à propagação de comportamentos e consumo esperados, assim como a homogeneização de práticas, costumes e língua, dissolvendo diferenças e generalizando referências, massificando, ao cabo, homem e sociedade. A esse respeito, o filósofo espanhol José Ortega y Gasset utilizou o conceito do homem-massa, no século XX, na obra *Rebelião das massas*, para descrever o sujeito em uma sociedade de massa.

Saiba mais

No Direito, o estudo sobre o homem e a sociedade de massas é fundamental para uma visão dialética do Direito e para a compreensão sobre a emergência de novas áreas de estudo e atuação e de novos sujeitos de direitos, como os movimentos sociais. Roberto Lyra Filho trata do assunto relacionado à visão dialética, e José Geraldo de Souza Júnior trata do sujeito coletivo de direito (SOUTO; FALCÃO, 1999). Ademais, vale citar as palavras de Antonio Carlos Wolkmer, ao refletir sobre a ideologia nas experiências do Direito:

> [...] a ideologia, desde há muito tempo, tem influenciado as práticas normativas de teor legislativo, administrativo e judiciário. Sendo o Direito uma ordenação valorativa, não está imune e não pode desvincular-se da constante valoração ideológica em todos os seus níveis. [...] O ideológico como um sistema de valores que "estabiliza" ou que "encobre" determinado discurso normativo permeia o Direito não só nas suas correntes doutrinárias de fundamentação (jusnaturalismo, positivismo jurídico) e suas instâncias institucionalizadas (tribunais, polícia e poder judiciário), mas também em seus diversos ramos ou setores dogmáticos de experiências jurídicas (WOLKMER, 2003, p. 172).

O homem como produto de massa

Ao estudar o homem e as sociedades das massas, é importante contextualizarmos sobre o momento em que o homem — ser humano — passou a ser considerado produto de massa e analisarmos criticamente a massificação do homem e da sociedade, enquanto processo que visa à homogeneização dos sujeitos. Identificamos no processo de modernização e intensificação do consumo o surgimento da massificação do homem e da sociedade.

A partir do conceito de sociedade de massa, que traduz a culminação de um processo de transformações sociais no contexto da modernização do mundo ocidental, os indivíduos estão imersos, com as suas subjetividades, preferências, comportamentos e relações sociais. Entretanto, a massificação do homem e da sociedade gera manipulações, conformismos, determinações exteriores e tendências, ao que Ortega y Gasset (2007) chamou de **homem-massa**, ou seja, o sujeito em uma sociedade de massa que se sente como todo mundo.

Com isso, o homem — ser humano, enquanto sujeito individual, que possui individualidade — é fragilizado e emana um sujeito que busca, a partir de influências externas a ele, enquadrar-se e padronizar-se, em um processo de homogeneização diante do social massificado, em **conformidade com a massa**. Assim, não há um processo de reflexão, um pensar em profundidade, mas um aprisionamento que é determinado **para todos**.

Nesse sentido, podemos compreender o homem como produto da massificação, desde o início do século XX, como presente em diferentes classes sociais, grupos e sociedades, pois se trata do resultado de uma cultura de massificação e de homogeneidade.

Fique atento

Há outros autores que abordam a questão do indivíduo na sociedade das massas, sob diferentes perspectivas (psicológicas, sociais, culturais, entre outras). É o caso do francês Michel Foucault, na obra *Vigiar e punir: nascimento da prisão*, publicada em 1975, que trata das formas de controle sobre os sujeitos a partir de instituições disciplinares, como é o caso da prisão. O autor discute o controle especificamente punitivo, havendo outros, como no caso de hospitais e escolas, e que visam garantir controle e vigilância de corpos, com a finalidade de assegurar o cumprimento das convenções socialmente prescritas e um determinado contexto: as convenções estipuladas pelo meio social em que vive o sujeito. Para tanto, é necessário que os indivíduos internalizem regras e comportamentos, disciplinando-se e conformando-se à ordem social.

Observe e reflita sobre a Figura 1, que apresenta relação com o conceito de sociedade das massas e de massificação do homem, a partir de um contexto de consumo e padronização.

Figura 1. Quadrinho exemplificando o conceito de sociedade das massas e de massificação do homem.
Fonte: Elas (2009).

Abordagem crítica quanto à massificação do homem e da sociedade

A massificação do homem e da sociedade está atrelada à ideia de padronização em uma sociedade urbanizada, moderna e industrializada, isto é, uma sociedade capitalista e baseada no consumo. Ao pensarmos em uma massa, no âmbito da culinária, por exemplo, podemos imaginar que não mais se distinguem os ingredientes que a compõem. Da mesma forma, o homem massificado é aquele em que não podemos distinguir a sua autonomia, história, escolhas e individualidade, pois é **igual a todo mundo**.

Atualmente, diante das práticas de consumo e do estilo de vida — em que se espera que o indivíduo tenha determinados bens e produtos, utilize serviços e se insira no mundo do trabalho de determinadas formas, pautadas em racionalidade e formalismo —, fica mais fácil compreender a abordagem crítica.

A discussão sobre a sociedade das massas inclui outras análises, no campo da sociologia e da filosofia, sobretudo, a partir de abordagens críticas, que visam desvelar intencionalidades e aprimorar o saber científico.

A filósofa Hannah Arendt refletiu sobre o tema e apontou que, no século XX, foi possível identificar homens ideologicamente moldados para agir de maneira massificada, ou seja, manipulados. Com isso, não há espaço para a espontaneidade humana e a existência da individualidade, pois há uma força social para produzir pessoas modelo-padrão.

Ademais, é tema afim da cultura de massas e da indústria cultural, que inclui a reflexão sobre a influência de meios de comunicação — como a televisão — sobre a sociedade, bem como a padronização de gostos, comportamentos e interesses, impactando na subjetividade e autonomia das pessoas, gerando uma cultura imposta. Os pensadores da chamada Escola de Frankfurt, fundada em 1924 na Goethe-Universität Frankfurt, Alemanha, discutiram o papel da mídia e dos seus efeitos nas relações entre informação, consumo, entretenimento e política.

Os principais expoentes desse debate foram Max Horkheimer e Theodor W. Adorno (1985). Entre as suas obras, o texto de 1947 *Dialética do Iluminismo*, ou *Dialética do esclarecimento*, no contexto histórico pós-Segunda Guerra Mundial, define a indústria cultural como um sistema que visa produzir bens de cultura, como mercadorias e como estratégia de controle social — filmes, músicas e livros. Assim, perdem o papel de bens artísticos ou culturais para se tornarem um mero mecanismo que visa ao lucro no sistema capitalista, mantendo processos alienantes e não contribuindo para a formação de sujeitos críticos e autônomos.

Fique atento

Há diferenças entre o conceito de cultura de massa, ou indústria cultural, e de sociedade de massas, ainda que exista um reforço recíproco no crescimento de cada um, sobretudo quando entram em cena os meios de comunicação de massa, reforçando comportamentos e gostos considerados padrão em uma sociedade. Entre o final do século XIX e o início da Primeira Guerra Mundial, com o desenvolvimento e a expansão dos meios de comunicação, iniciou-se o processo do que mais tarde seria chamado de **indústria cultural**. A sociedade de massas é um fenômeno mais recente, do século XX, que também remete à ideia de padronização e homogeneização, pois está atrelado ao modo de produção em série e em massa. No caso da indústria da cultura, podemos observar a transformação de bens culturais em um bem produzido de maneira padronizada, sem originalidade, crítica ou espontaneidade, pois visa precipuamente o lucro e a manutenção de um determinado *status quo*.

Assim, há uma imposição cultural, do que é considerado melhor e mais atrativo, e do pensamento predominante, inviabilizando uma cultura espontânea, original, gerada e estimulada a partir dos sujeitos e grupos sociais. A arte, por exemplo, é transformada em um produto industrializado, padronizado, para ser vendido e consumido.

Exemplo

No âmbito da sociedade de massa, os meios de comunicação desempenham um papel crucial na propagação de uma cultura do consumo, de modelos esperados de comportamento, interesses, gostos e compras. Trata-se de um objeto de pesquisa e estudo das ciências sociais, sobretudo da sociologia, que levou a importantes abordagens críticas sobre o tema. Entre elas, citamos os estudos sobre a formação das classes trabalhadoras e dos movimentos sociais, em contraponto à massificação cultural e social pretendida na sociedade de massas — que aponta para uma fragmentação de demandas e insurgências.

Como exemplo, citamos os estudos após a Revolução Francesa e a Revolução Russa, além daqueles relacionados à influência da sociedade de massas na ciência, gerando grande especialização de saberes e áreas, com base em uma razão instrumental. Isso porque a imposição das sociedades de massas fragiliza as ações dos indivíduos, as culturas e as comunidades tradicionais, cuja base é uma autoridade tradicional e um sentimento de união recíproca e apoio mútuo, em contraponto com a sociedade das massas com uma autoridade formal, externa e impessoal, além da tendência ao isolamento dos indivíduos.

Referências

ADORNO, T. W.; HORKHEIMER, M. *Dialética do esclarecimento*. Rio de Janeiro: Jorge Zahar, 1985.

ELAS. *Mafalda e a "sociedade de consumo"*. 2009. Disponível em: <http://terparaser.blogspot.com.br/2009/07/mafalda-e-sociedade-de-consumo.html>. Acesso em: 16 mar. 2018.

ORTEGA Y GASSET, J. *A rebelião das massas*. São Paulo: Martins Fontes, 2007.

SOUTO, C.; FALCÃO, J. *Sociologia e Direito*: textos básicos para a disciplina de sociologia jurídica. São Paulo: Pioneira, 1999.

WOLKMER, A. C. *Ideologia, estado e Direito*. São Paulo: Revista dos Tribunais, 2003.

Leitura recomendada

FREITAS, V. Indústria cultural: o empobrecimento narcísico da subjetividade. *Kriterion Revista de Filosofia*, Belo Horizonte, v. 46, n. 112, dez. 2005. Disponível em: <http://www.scielo.br/scielo.php?script=sci_arttext&pid=S0100-512X2005000200016>. Acesso em: 16 mar. 2018.

O homem como objeto dos direitos humanos

Objetivos de aprendizagem

Ao final deste texto, você deve apresentar os seguintes aprendizados:

- Identificar na história quando o homem passou a ser detentor de direitos.
- Abordar alguns possíveis conflitos entre os direitos humanos e as culturas locais.
- Reconhecer a contemporaneidade de afirmação dos direitos humanos.

Introdução

O estudo sobre o homem como objeto dos direitos humanos integra o campo de estudos, debates e pesquisas interdisciplinares nas áreas do Direito, da sociologia, filosofia e antropologia. Todos os seres humanos nascem livres e iguais, com os mesmos direitos — assim, todo ser humano tem o direito de participar livremente da vida cultural da comunidade, de fruir das artes e de participar do progresso científico e dos seus benefícios. Trata-se de afirmações diretamente relacionadas aos direitos humanos.

Para tanto, precisamos contextualizar historicamente o papel do homem — ser humano — como sujeito de direitos e responsabilidades, conhecer os possíveis conflitos entre os direitos humanos e as culturas locais, bem como discutir a contemporaneidade da afirmação dos direitos humanos.

Neste capítulo, você vai ler sobre os principais aspectos que caracterizam os direitos humanos e o homem como o seu objeto, considerando a história dos direitos humanos e as declarações de reconhecimento e reafirmação desses direitos.

O homem como detentor de direitos

Ao situarmos o Direito como ciência fruto do social, que se ancora ao fato social, ao que é vivido e experimentado pelas pessoas, verificamos que as concepções sobre os sujeitos detentores dos diversos direitos também são construídas ao longo do processo histórico e social. Os direitos humanos fazem parte desse contexto, pois resultam de diversos processos e aspectos históricos.

Ao refletirmos sobre os **direitos humanos** de forma mais detida, podemos observar que, no fundo, são a consolidação de princípios e direitos pelos quais distintas sociedades, em diversas épocas, lutaram para que pudessem estar inseridos nos mecanismos normativos que regem suas respectivas sociedades, no intuito de garantir e ampliar a cidadania e a defesa da dignidade humana, sem nenhuma distinção de classe, raça, cultura, idade, sexo, orientação sexual, religião ou nacionalidade.

Os direitos humanos são, portanto, direitos que as pessoas têm porque são seres humanos. Envolvem a forma como toda e cada pessoa deve ser tratada, como ser livre, com direito de se expressar, de ser aceito e acolhido em qualquer lugar com igualdade. No entanto, nem sempre essa ideia existiu e é aplicada nos diversos lugares do mundo.

Por isso, conhecer o processo pelo qual a humanidade passou a conquistar, reconhecer e consolidar esses direitos é fundamental para a construção da consciência de que todos os seres humanos são iguais, objetos e detentores desses direitos, que possuem direitos universais como pessoas, iguais, fortalecendo os enfrentamentos aos processos de violência, exploração e dominação. Trata-se de uma conquista permanente.

Marconi Pequeno, no texto *O sujeito dos direitos humanos*, afirma que:

> A emergência do sujeito de direitos é uma das mais importantes conquistas da modernidade. Com esta noção também surgem alguns dos princípios fundamentais da vida social, como a definição do direito como uma qualidade moral e a caracterização do indivíduo como uma pessoa detentora de dignidade. O termo pessoa nos conduz à ideia de um sujeito moral dotado de autonomia, liberdade e responsabilidade. A pessoa humana é também o sujeito central dos direitos humanos. O sujeito, ao ser apresentado sob a forma pessoa humana, terá agora um instrumento privilegiado de defesa, promoção e realização de sua dignidade: os direitos humanos. Ao sujeito de direitos acrescenta-se agora o fato de ele ser igualmente um sujeito de direitos humanos ([199-?], p.3).

Em termos históricos, diferentes momentos históricos culminaram em documentos chamados de **cartas ou declarações de direitos**, que se constituem importantes instrumentos de afirmação de direitos das pessoas — não criam leis, mas declaram/reconhecem direitos. A história nos mostra que o reconhecimento e o respeito somente se concretizam quando os direitos humanos são bem defendidos, respeitados e promovidos por pessoas e instituições, consolidando o homem como detentor desses mesmos direitos.

Sobre as declarações de direitos e os aspectos históricos, pontuamos as principais culminâncias históricas e políticas:

Declaração de Direitos da Inglaterra de 1689 — a *bill of rights* iniciou uma nova fase na conquista dos direitos humanos, pois limitava os poderes reais e submetia a monarquia à soberania popular. Previa a igualdade de todas as pessoas perante a lei e a participação do cidadão no governo e na elaboração das leis, entre outros direitos assegurados. Segundo Cerencio (2012, p. 15):

> [...] a repercussão da Declaração de Direitos foi sentida por diversos países europeus, alcançando inclusive a América. Combinada com os ideais iluministas que circulavam pelo mundo, ela influenciou fortemente os colonos ingleses que se encontravam na América do Norte.

Declaração de Independência dos Estados Unidos de 1776 — documento a partir do qual as colônias na América do Norte declararam independência da então Grã-Bretanha, encerrando um período de conflito entre metrópole e colônia. Declarou direitos inalienáveis, como a vida, a liberdade e a busca da felicidade, integrando os marcos declaratórios do que viriam a ser os direitos humanos.

Declaração dos Direitos do Homem e do Cidadão de 1789 — inspirada nos ideais revolucionários e em filósofos como Rousseau, que defendia a vontade geral e a soberania do cidadão. Foi fruto da Revolução Francesa — movimento que provocou a primeira grande transformação social no Ocidente em defesa dos direitos humanos, com base nos ideais de liberdade, igualdade e fraternidade. Os deputados franceses procuraram proteger legalmente os direitos individuais e declarar os direitos civis e de participação política–cidadania. Alargou a área de aplicação de direitos, ao garantir liberdade e igualdade de nascença, direitos de propriedade, segurança e resistência à opressão, liberdade de pensamento, expressão e culto, além de proteção contra prisões arbitrárias.

Declaração Universal dos Direitos Humanos de 1948 — foi aprovada pela assembleia geral da Organização das Nações Unidas (ONU) em 10 de dezembro de 1948. Trata-se de um documento composto de sete preâmbulos e 30 artigos, discorrendo sobre os direitos humanos enquanto fundamentais a todas as pessoas, sendo um compêndio que elenca os aspectos essenciais dos direitos civis, políticos, sociais e econômicos. A ONU é formada por países que voluntariamente se uniram com o objetivo de promover a paz mundial, o desenvolvimento econômico e social e o respeito aos direitos humanos, além de facilitar a cooperação internacional. Essa declaração foi discutida e elaborada no contexto pós-Segunda Guerra Mundial, de conflito e barbárie, até ser publicada em 10 de dezembro de 1948 — a partir de quando passou a ser a principal base das discussões e ações internacionais referentes aos direitos humanos. Diversas legislações surgiram em decorrência dessa declaração.

Fique atento

A filosofia europeia dos séculos XVII e XVIII foi marcada por grandes pensadores iluministas que, direta ou indiretamente, colaboraram com a conquista dos direitos humanos, como Thomas Hobbes (1588–1679) e John Locke (1632–1704). Hobbes acreditava que a condição natural da humanidade era a guerra, pois, por natureza, cada pessoa teria direito a tudo que desejasse, por isso era necessária uma autoridade em torno de um contrato social. Os cidadãos deveriam ceder seus direitos aos monarcas em troca de proteção. Locke também acreditava que os governados deveriam ceder alguns direitos em troca de proteção, mas alguns direitos ficariam de fora do acordo. Para ele, a liberdade não era uma concessão, pois derivava da natureza, e os direitos individuais (como a propriedade) deveriam estar assegurados. O contrato social surgia quando os indivíduos de uma comunidade consentissem a um governante a função de centralizar o poder público. Locke colaborou com o desenvolvimento dos direitos humanos ao defender o direito à vida, à liberdade e à propriedade, bem como ao apoiar a liberdade de imprensa e a separação dos poderes, por exemplo.

Nesse sentido, os aspectos históricos sob os quais podemos compreender o sentido dos direitos humanos têm as suas certidões de nascimento na independência dos Estados Unidos e na Revolução Francesa, marco histórico da contemporaneidade, ambos ocorridos na segunda metade do século XVIII. A **Declaração Universal dos Direitos Humanos**, elaborada no século XX, guarda uma relação com esses dois marcos históricos, cujo fato direto para seu surgimento está no genocídio de milhões de vidas, causado pelo holocausto, na Segunda Guerra.

Essa linha de pensamento está baseada em uma história social dos direitos humanos. Os dois fatos históricos ocorridos no século XVIII marcaram a consolidação do poder da burguesia na Europa e, a partir de suas lutas, conseguiram a instituição dos direitos civis como parte dos direitos fundamentais dos cidadãos. Nos séculos anteriores, conseguiram a ampliação dos direitos políticos e econômicos, mas a instituição dos direitos civis marcou o fim dos privilégios da nobreza e da sua hegemonia sobre os demais cidadãos.

Desde a Revolução Francesa e a independência norte-americana para a Declaração Universal dos Direitos Humanos, em 1948, muitas coisas aconteceram. Entretanto, foi apenas com a Segunda Guerra que o esforço pela garantia da dignidade humana ganhará atenção mundial, ao menos para os países diretamente envolvidos no conflito armado mais mortífero da história da humanidade. Isso porque, nesse conflito mundial, milhões de pessoas perderam suas vidas em confrontos e outras foram mortas e desaparecidas por razões religiosas, políticas, étnico-raciais e de orientação sexual.

Nesse bojo, foi criada a ONU, em 1945, que encabeçou a discussão e elaboração da Declaração Universal dos Direitos Humanos, orientando, assim, a compreensão atual que possuímos acerca deles. A principal preocupação imediata das nações era evitar novos acontecimentos como o que a Europa e o mundo tinham acabado de vivenciar.

Direitos humanos e culturas locais

Que relação existe entre os costumes e as culturas particulares com a consciência que temos da universalidade dos direitos humanos — que devem ser válidos para todas as pessoas em todos os lugares? Há costumes culturais que podem contradizer os direitos humanos?

Essas questões se relacionam à coexistência de diferentes culturas, ao que se chama de **multiculturalismo**. Na perspectiva internacional, verificamos as diferentes culturas, religiões, etnias, raças e formas de organização social, assim como em âmbito nacional — no Brasil, por exemplo, vivenciamos esse aspecto, considerando ainda a história da constituição do País a partir de diferentes matrizes culturais, como indígenas, africanas, afro-brasileiras e europeias.

É possível que surjam dilemas quando o multiculturalismo, ou a pluralidade de culturas, colide com a ideia de direitos iguais de todas as pessoas sem distinção, sendo que, em razão de práticas locais, culturas e costumes, o que em um determinado local ou país é considerado uma violação aos direitos humanos, em outras regiões, pode não ser, sendo considerado um costume ou uma prática há muito realizada.

A esse respeito, André de Carvalho Ramos (2014, p. 176) coloca que:

> Em várias situações, parte da doutrina e Estados opõem-se à aplicação de determinados direitos, que seriam ofensivos às práticas culturais ou mesmo às opções legislativas locais. Cite-se o conhecido exemplo da clitoridectomia (mutilação da genitália feminina), tratado como violação da dignidade da mulher e de sua integridade física e defendida por alguns por ser tal prática uma tradição cultural.

Há desafios em relação à dificuldade da universalização dos direitos humanos em determinados contextos sociais e culturais. Entretanto, é necessário realizar um diálogo intercultural e avaliar, objetivamente, caso a caso, com a finalidade de tornar eficazes a proteção e a promoção universal dos direitos humanos, sem que a ideia de universalização cause uma tentativa de imposição de valores de uma determinada sociedade ou grupo sobre outro, mas colocando em relevo os benefícios que a humanidade possui na reafirmação desses direitos com base na dignidade humana e no direito à vida e à igualdade.

Nesse cenário, há diferentes posicionamentos políticos e teóricos, como é o caso dos **universalistas** (que devem a aplicação universal dos direitos humanos) e os **relativistas** (que argumentam sobre a necessidade de considerar história, costumes e cultura local, relativizando determinadas situações).

Fique atento

Notícias recentes apontam a existência de cerca de 17 mil crianças-soldado no Sudão do Sul — crianças colocadas e recrutadas para atuar nas forças armadas em situações de conflitos armados locais, sob a justificativa de que devem proteger seus territórios, culturas e comunidades, junto com os adultos. A ONU e os embaixadores documentaram violações a esse respeito e têm atuado na superação dessa violação, considerando que crianças são pessoas em desenvolvimento e nenhuma justificativa pode colocá-las em situação de violação de seus direitos em determinada localidade.

Fonte: Nações Unidas (2018).

Como visto, em relação aos aspectos históricos e às declarações de direitos, os direitos humanos surgiram, paulatinamente, como um conjunto de garantias do ser humano, que têm como escopo precípuo o respeito à sua dignidade, por meio de sua proteção contra o arbítrio de grupos que detêm maior poder (econômico, político, social, entre outros) em um momento histórico, bem como uma proteção frente ao poder estatal, a partir do estabelecimento de condições mínimas de vida. Assim, o diálogo intercultural como mecanismo de proteção e promoção dos direitos humanos é um aspecto primordial na reafirmação desses direitos no mundo contemporâneo.

A contemporaneidade da afirmação dos direitos humanos

De acordo com as informações do portal da ONU no Brasil (NAÇÕES UNIDAS, 2018):

> Os direitos humanos são direitos inerentes a todos os seres humanos, independentemente de raça, sexo, nacionalidade, etnia, idioma, religião ou qualquer outra condição.
> Os direitos humanos incluem o direito à vida e à liberdade, à liberdade de opinião e de expressão, o direito ao trabalho e à educação, entre muitos outros. Todos merecem estes direitos, sem discriminação.
> O Direito Internacional dos Direitos Humanos estabelece as obrigações dos governos de agirem de determinadas maneiras ou de se absterem de certos atos, a fim de promover e proteger os direitos humanos e as liberdades de grupos ou indivíduos. [...]
> Algumas das características mais importantes dos direitos humanos são:
> Os direitos humanos são fundados sobre o respeito pela dignidade e o valor de cada pessoa;
> Os direitos humanos são universais, o que quer dizer que são aplicados de forma igual e sem discriminação a todas as pessoas;
> Os direitos humanos são inalienáveis, e ninguém pode ser privado de seus direitos humanos; eles podem ser limitados em situações específicas. Por exemplo, o direito à liberdade pode ser restringido se uma pessoa é considerada culpada de um crime diante de um tribunal e com o devido processo legal;
> Os direitos humanos são indivisíveis, inter-relacionados e interdependentes, já que é insuficiente respeitar alguns direitos humanos e outros não. Na prática, a violação de um direito vai afetar o respeito por muitos outros;
> Todos os direitos humanos devem, portanto, ser vistos como de igual importância, sendo igualmente essencial respeitar a dignidade e o valor de cada pessoa.

A reflexão sobre a necessidade de reafirmação dos direitos humanos tem relação com o combate às desigualdades, violências e distorções — práticas e discursivas — sobre esses direitos. Os princípios, as características e os fundamentos que pautam os direitos humanos, notadamente ligados à dignidade de todas as pessoas, levam à necessidade de enfrentar, superar e romper os preconceitos e as deturpações que os rondam a todo momento, para que possamos ter, efetivamente, uma promoção e defesa qualificada, mas ao mesmo tempo crítica dos direitos humanos.

Somadas às questões históricas, no cotidiano, é possível se deparar com diferentes situações e pessoas, muitas vezes ocultas e marginalizadas do convívio na sociedade. Há conflitos e contradições presentes na garantia dos direitos humanos em uma sociedade desigual e capitalista, como é o caso da brasileira. Assim, ter a consciência de todos esses conflitos que permearam a forja dos direitos humanos é reconhecer que direitos são conquistas, não aspectos inerentes ou da essência de nossa humanidade.

Afirmá-los inalienáveis, indivisíveis e universais, assim, é um ato político e não garante a sua plena efetivação, exigindo esforços em sua defesa e promoção. Com os direitos humanos, há o reconhecimento de que temos direito a termos direitos (civis, políticos, econômicos, sociais, culturais, ambientais, entre outros), daí a contemporaneidade da afirmação desses direitos.

Nesse sentido, os direitos humanos se contrapõem ao **valor humano**, que busca essencializar características e aspectos dos seres humanos, em uma suposta natureza humana anterior, que não existe senão intimamente ligada aos aspectos históricos e culturais que moldaram a nossa humanidade.

Outra distorção que deve ser desfeita em torno dos direitos humanos está relacionada ao senso comum de que se trata de **direitos de bandidos**.

Saiba mais

Para saber mais sobre a expressão "direito de bandidos", leia os artigos disponíveis em:

https://goo.gl/z6UA7f

https://goo.gl/gLeL7u

Trata-se de uma bandeira relacionada à violência que atinge a nossa sociedade. Embora haja um componente histórico que baseia esse preconceito, que remonta ao momento histórico da ditadura militar brasileira, o combate dos direitos humanos em relação à violência vai no sentido de romper com a **espiral de violência** que determinadas ações provocam, sejam elas governamentais ou da sociedade civil. Tais ações acabam por não combater, de forma efetiva, as causas que levam ao quadro da violência. Ou seja, com os princípios dos direitos humanos, busca-se combater as condições sociais que geram a violência, não proteger bandido.

Fique atento

Destaca-se que, para além do Brasil, do ponto de vista histórico e político, a América Latina como um todo foi vítima de ditaduras militares ou civis que devastaram o continente e ameaçaram e violaram inúmeros direitos humanos. "Paradoxalmente, naquela época, a luta pelos direitos do homem se desenvolveu fortemente e vimos surgirem movimentos alternativos ao direito e à justiça" (SOUTO; FALCÃO, 1999, p. 162).

Precisamos compreender que, quando se denunciam as condições e os tratamentos desumanos no sistema carcerário, isso não entra em contradição com o reconhecimento das responsabilidades penais perante à sociedade que um determinado indivíduo tem ao cometer um crime, mas busca compreender que tais condições têm consequências negativas para toda a sociedade, pois não dá condições para que a pessoa criminosa tenha chances de ressocialização. Da mesma forma, essas condições pressionam negativamente o sistema de justiça e dos profissionais que atuam nela, principalmente os da segurança pública e do sistema penitenciário.

Link

Acesse o link a seguir para ler o relatório anual da Anistia Internacional, *O estado dos direitos humanos no mundo 2016/2017*:

https://goo.gl/M8nFwH

Acesse o link a seguir para saber mais sobre sistemas internacionais de direitos humanos:

https://goo.gl/OL1H

Leia livros publicados de livre acesso na internet nos links a seguir:
- *Fundamentos históricos e ético-filosóficos da educação em direitos humanos.*

https://goo.gl/aSMc6R

- *Fundamentos teórico-metodológicos educação em direitos humanos.*

https://goo.gl/FET8fj

Devemos compreender que, antes de tudo, o que se defende ao afirmarmos a necessidade de assegurar condições dignas das pessoas privadas de liberdade é a segurança de todos os envolvidos nesse cenário, para compreender os impactos positivos que isso terá no âmbito de toda a sociedade. Os indivíduos encarcerados não deixam de ter suas condições de cidadanias quando estão privados de liberdade, pois encontram-se com elas restringidas, mas estão resguardados pelos demais direitos garantidos pelas normativas jurídicas que regem a nossa sociedade, bem como os direitos humanos existentes.

Portanto, promover e defender os direitos humanos envolvem lutar pelos princípios:

- da dignidade humana;
- da igualdade de direitos;
- do reconhecimento;
- da valorização das diferenças e das diversidades.

É pensar os direitos humanos sob uma perspectiva da transversalidade, vivência e globalidade, no intuito de construirmos uma sociedade menos desigual e com justiça social.

Saiba mais

Diferentes organizações, instituições e pessoas, em âmbito nacional e internacional, atuam na proteção, no respeito e na promoção dos direitos humanos — que é uma tarefa dos países, por meio dos seus estados, políticas públicas e cidadãos. No campo programático, contamos com o Programa Nacional de Direitos Humanos (PNDH — 3), definido pela então Secretaria de Direitos Humanos no ano de 2010 — importante documento pela luta na implantação de políticas voltadas à efetivação dos direitos humanos (BRASIL, 2010).

Com relação à atuação de organizações voltadas à proteção de determinados direitos humanos e luta por sua garantia e efetivação para todos ou para grupos historicamente vulneráveis e minorados na sociedade, há aquelas direcionadas à proteção de direitos de crianças, adolescentes, mulheres, população negra, refugiados e comunidades indígenas para a efetivação do direito à educação, entre outros. Um exemplo, no Brasil, é a organização Conectas, que você pode conferir no link a seguir.

https://goo.gl/gzq1P

Referências

BRASIL. Secretaria de Direitos Humanos da Presidência da República. *Programa Nacional de Direitos Humanos (PNDH — 3)*. Brasília: SEDH/PR, 2010. Disponível em: <http://www.sdh.gov.br/assuntos/direito-para-todos/programas/pdfs/programa-nacional-de-direitos-humanos-pndh-3>. Acesso em: 16 mar. 2018.

CERENCIO, P. Um passeio pela história dos direitos humanos. In: CARDOSO, M.; CERENCIO, P. (Org.). *Direitos humanos:* diferentes cenários, novas perspectivas. São Paulo: Editora do Brasil, 2012.

NAÇÕES UNIDAS. *ONUBR:* notícias do Brasil. 2018. Disponível em: <https://nacoesunidas.org/>. Acesso em: 13 mar. 2018

PEQUENO, M. *O sujeito dos direitos humanos*. [199-?]. Disponível em: <http://www.dhnet.org.br/dados/cursos/edh/redh/01/03_marconi_pequeno_sujeito_dos_dh.pdf>. Acesso em: 13 mar. 2018.

RAMOS, A. de C. *Teoria geral dos direitos humanos na ordem internacional*. São Paulo: Saraiva, 2014.

SOUTO, C.; FALCÃO, J. *Sociologia e Direito:* textos básicos para a disciplina de sociologia jurídica. São Paulo: Pioneira, 1999.

Leituras recomendadas

ANISTIA INTERNACIONAL. *Informe 2016/2017:* o estado dos direitos humanos no mundo. 2017. Disponível em: <https://anistia.org.br/direitos-humanos/informes-anuais/relatorio-anual-o-estado-dos-direitos-humanos-mundo-20162017/>. Acesso em: 16 mar. 2018.

ORGANIZAÇÃO DAS NAÇÕES UNIDAS. *Declaração universal dos direitos humanos.* Paris: [s.n.], 1948. Disponível em: <http://www.onu.org.br/img/2014/09/DUDH.pdf>. Acesso em: 16 mar. 2018.

RIFIOTIS, T. *Direitos humanos:* sujeitos de direitos e direitos do sujeito. [199-?]. Disponível em: <http://www.dhnet.org.br/dados/livros/edh/br/fundamentos/15_cap_2_artigo_07.pdf>. Acesso em: 16 mar. 2018.

Contexto sócio-histórico de constituição do conhecimento sociológico

Objetivos de aprendizagem

Ao final deste texto, você deve apresentar os seguintes aprendizados:

- Definir sociologia.
- Classificar os diversos campos da sociologia.
- Reconhecer o papel de Auguste Comte como um dos fundadores da sociologia.

Introdução

Neste capítulo, você vai ler a respeito do contexto sócio-histórico de constituição do conhecimento sociológico, um tema peculiar para o estudo da sociologia e do Direito, devido à importância das ideias sociológicas constituídas ao longo dos anos. Assim, você analisará o conceito de sociologia e o que ela estuda, conhecendo os seus diversos campos.

Além disso, você vai ler sobre o filósofo francês Auguste Comte, um dos fundadores da sociologia e do positivismo, e verá como as suas ideias influenciaram a sociedade.

O que é sociologia?

Em um mundo cada vez mais globalizado, as relações humanas de contato físico passaram a ocupar a segunda posição nas relações sociais, que progressivamente são substituídas por relações virtuais e de pouco contato. Os noticiários e as pesquisas comprovaram o significativo aumento de casos de suicídio e de debates polêmicos envolvendo temas como família, cultura, religião e arte, revelando, assim, as transformações nas relações humanas da sociedade moderna.

Para entender tal fenômeno, é preciso determinar qual ciência é responsável por estudar as relações sociais coletivas e como ela surgiu.

Nesse sentido, os fatos decorrentes das Revoluções Industrial (1760) e Francesa (1789) resultaram na transformação do poder econômico e político social da época, o que desencadeou o aumento das cidades, o fortalecimento de classes sociais como a burguesia e a reafirmação de preceitos do Iluminismo (razão humana em detrimento da religião). Em consequência de um conjunto de fatores, surgia, no século XIX, uma nova ciência, apadrinhada de **sociologia**.

Fique atento

A Revolução Industrial, a Revolução Francesa e o Iluminismo são considerados pelos historiados as causas que deram surgimento à sociologia.

Segundo o professor José Manuel de Sacadura Rocha (2015), a sociologia é a ciência que estuda a origem, o desenvolvimento e o dinamismo dos grupos humanos — ou seja, o comportamento dos homens orientado pelo grupo em um processo histórico determinado. Dessa forma, fica fácil entender que o objetivo da sociologia não é estudar cada pessoa individualmente, mas o comportamento social, ou seja, o coletivo.

É impossível conceituar a sociologia sem mencionar a contribuição de pensadores como Karl Marx, Émile Durkheim e Marx Weber para a sociologia.

O filósofo e sociólogo Karl Marx (1818–1883), autor da obra *O manifesto comunista*, ainda que não tenha utilizado a terminologia sociologia nas suas obras, teve como princípio estudar a sociedade capitalista, os seus efeitos na e para com a sociedade (materialismo histórico), defendendo a revolução como meio para findar a exploração dos operários pelo Estado capitalista.

Segundo o professor Pedro Antonio do Santos (2013, p. 45), para Marx, as relações sociais e as "forças de produção influenciam-se mutuamente; e que o modo de produção é que condiciona a estrutura social de qualquer sociedade estratificação social".

De acordo com as palavras do professor Antonio Carlos Gil (2011, p. 19), para o sociólogo Émile Durkheim (1858–1917), a sociologia era uma "ciência rigorosa centrada na verificação de fatos que poderiam ser observados, mensurados e relacionados mediante dados coletados diretamente pelos cientistas". Na obra *As regras do método sociológico,* publicada no ano de 1985, Durkheim expôs a sua visão sobre o fato social ser o objeto da sociologia. Além disso, na obra intitulada *O suicídio*, publicada no ano de 1987, Durkheim defendeu ser a explicação sociológica o elemento adequado para entender o suicídio. Além disso, a visão de Durkheim contribui no estudo da solidariedade e da divisão do trabalho.

O sociólogo jurista Max Weber (1864–1920), autor da obra *A ética protestante e o espírito do capitalismo*, analisou a relação entre o protestantismo e o capitalismo, demonstrando, no seu estudo, interesse na relação e nos efeitos da religião na formação do indivíduo e da sociedade. De acordo com os professores Joel M. Charon e Lee Garth Vigilant (2013, p. 280), Marx Weber "interessava-se pela mudança social e era um observador atento ao pensamento religioso e da racionalização da vida". Ainda segundo os autores, Weber descreveu a propensão crescente das pessoas de colocar em prática o pensamento lógico e científico em todas as situações no intuito de alcançar objetivos.

Weber foi responsável por defender que a sociologia deveria cuidar de entender a ação social, ou seja, a conduta humana voltada para o outro, que Weber classificou em quatro tipos ideais: a afetiva, a tradicional, a racional com relação a valores e a racional com relação a fins.

Segundo Rob Stones (2010), para Weber, somente a partir da compreensão da ação social, seria possível à sociologia entender as estruturas sociais, já que estas são simplesmente o produto de inúmeras ações individuais. Essa perspectiva é conhecida como individualismo metodológico.

Já o filósofo e biólogo inglês Herbert Spencer (1820–1903) foi responsável por criar a escola biológica da sociologia, baseada principalmente em preceitos da ciência natural, como a biologia, a qual considerava a sociedade como ser vivo, semelhante às plantas e aos animais. Spencer também contribuiu para evidenciar a natureza social do Direito.

As visões de Karl Marx, Émile Durkheim, Marx Weber, Herbert Spencer, entre outros, serviram para promover e aprimorar o estudo da ciência sociológica.

Saiba mais

Em 1959, o americano Charles Wright Mills (1959, p. 11), no livro intitulado *A imaginação sociológica*, defendeu que a imaginação sociológica "capacita o seu possuidor a compreender o cenário histórico, mais amplo em termos do seu significado para a vida íntima, e para a carreira exterior de numerosos indivíduos". Para Mills (1959, p. 12), a "imaginação sociológica permite compreender a história e a biografia e as relações entre ambas, dentro da sociedade, sendo essa a sua tarefa e promessa".

Campos da sociologia

Destacam-se, a seguir, os principais campos da sociologia, também denominados sociologias especiais, no entendimento do professor Antonio Carlos Gil (2011, p. 6–8):

Sociologia política — responsável por estudar a organização, os movimentos políticos do Estado e as manifestações populares.

Sociologia urbana — responsável por estudar o intercâmbio do ser humano com o meio urbano (áreas metropolitanas).

Sociologia rural — responsável por estudar as relações sociais do campo.

Sociologia da arte — responsável por estudar a influência relacional entre arte e artistas na sociedade e vice-versa.

Sociologia cultural — responsável por estudar a influência da cultura e dos grupos sociais no modo de agir e pensar da sociedade.

Sociologia da comunicação — responsável por estudar a relação e as implicações da comunicação e da sociedade.

Sociologia do turismo — responsável por estudar o comportamento relacional do ser humano em viagens para com as comunidades que o recebe e os impactos sociais decorrentes da viagem.

Sociologia do Direito ou jurídica — responsável por estudar a inter-relação entre o Direito e as instituições sociais.

Sociologia econômica ou das organizações — responsável por estudar a organização e relação das atividades econômicas na sociedade.

Sociologia da educação — responsável por estudar os processos sociais de ensino e aprendizagem.

Sociologia da família — responsável por estudar a relação familiar, as origens, as evoluções, ou seja, temas relacionados ao contexto familiar.

Sociologia da religião — responsável por estudar a relação e influência entre a religião e a sociedade.

Sociologia do trabalho — responsável por estudar as relações sociais referentes ao trabalho.

Sociologia sistêmica — responsável por estudar os fenômenos sociais, por meio de condições, fatores e efeitos que operam no campo não histórico.

Sociologia descritiva — responsável por descrever os fenômenos sociais em seu espaço geográfico.

Sociologia comparada — responsável por explicar os fenômenos sociais em distintas situações e espaços sociais.

Positivismo de Auguste Comte

Com as mudanças sociais decorrentes das Revoluções Industrial e Francesa, e com o fato de os estudos filosóficos não serem capazes de apreciar as mudanças sociais da época, o filósofo francês Auguste Comte (1778–1857) — influenciado sobretudo pelo pensamento do socialista Saint-Simon, que, nos seus esboços, defendia o estudo sistemático da sociedade, que deveria ser reorganizada e estudada segundo a ciência física ou natural — criou a fisiologia social, também chamada de **física social**.

Para Saint-Simon (1966 apud FERREIRA, 2010, p. 35):

> A sociedade não é uma simples aglomeração de seres visos [...], pelo contrário, é uma verdadeira máquina organizada, cujas partes, todas elas, contribuem de uma maneira diferente para o avanço do conjunto. A reunião dos homens constitui um verdadeiro SER, cuja existência é mais ou menos vigorosa ou claudicante, conforme seus órgãos desempenhem mais ou menos regulamente as funções que lhe são confiadas.

A teoria da fisiologia social desenvolvida por Saint-Simon logo foi aperfeiçoada por Auguste Comte, considerado o pai da sociologia e do pensamento positivista sociológico.

De acordo com o pensamento positivista desenvolvido por Comte, para que fosse possível estudar as sociedades, o indivíduo deveria valer-se da ciência, considerada pela teoria positivista o único mecanismo único e válido para estudar as relações e solucionar os problemas enfrentados pela sociedade, como, por exemplo, a exclusão social, o etnocentrismo, a cultura, a estratificação e a mobilidade social.

Para compreender a sociologia, Auguste Comte a dividiu em dois campos de estudo (TESKE; SIMÃO, 2005):

Estática — responsável por estudar as condições constantes da sociedade, sendo a ordem a ideia fundamental da estática.

Dinâmica — responsável por investigar as leis do seu progressivo desenvolvimento, sendo o progresso a ideia fundamental da dinâmica.

Convém ressaltar que o positivismo sociológico se contrapunha à religião e metafísica, pois fomentava a investigação do real, uma vez que a razão tinha a ciência como regulador social. Dessa forma, o homem deveria valer-se da sua inteligência. Nesse sentido, dentro da dinâmica, a humanidade passaria por três estados, também denominada **lei dos três estados**, a saber:

Primeiro estado: teológico — Deus é considerado centro da vida humana e social, logo, as relações sociais seriam as fundadas nos preceitos teológicos.

Segundo estado ou transitório: metafísica — os fenômenos seriam explicados a partir da adoção de ideias filosóficas abstratas e da natureza contraposta à teologia e ao sobrenatural.

No terceiro e último estado: positivo — a partir do pensamento racional, o homem seria o condutor da vida social, valendo-se da ciência como mecanismo de descoberta dos fenômenos sociais.

O pensamento de Auguste Comte sobre a sociologia permitiu que outros sociólogos, como, por exemplo, Émile Durkheim, sistematizassem a sociologia como ciência positiva. De fato, considerando a realidade mundial atual, os sociólogos sentem-se desafiados a apresentar respostas novas e válidas para os fenômenos sociais que afloram na sociedade, como, por exemplo, aqueles temas relacionados ao gênero, à tecnologia, à religião e aos novos campos jurídicos. Os desafios sociológicos que desafiam a ciência.

Fique atento

Você sabia que a expressão "Ordem e progresso", inscrita na bandeira do Brasil, é influência do positivismo de Comte? Atraído pelo conteúdo progressista e de reformulação social do positivismo de Comte, o Brasil adotou a expressão como símbolo de realização da natureza humana.

Referências

CHARON, J. M.; VIGILANT, L. G. *Sociologia.* 2. ed. Rio de Janeiro: Saraiva, 2013.

FERREIRA, D. *Manual de sociologia, dos clássicos a sociedade da informação.* 2. ed. São Paulo: Atlas, 2010.

GIL, A. C. *Sociologia geral.* São Paulo: Atlas, 2011.

MILLS, C. W. *A imaginação sociológica.* 2. ed. Rio de Janeiro: Zahar, 1959. Disponível em: <https://edisciplinas.usp.br/pluginfile.php/203902/mod_resource/content/1/MILLS_A%20imagina%C3%A7%C3%A3o%20sociol%C3%B3gica%20Cap.%20I.pdf>. Acesso em: 31 out. 2017.

ROCHA, J. M. de S. *Sociologia geral e jurídica:* fundamentos e fronteiras. 4. ed. rev. e ampl. Rio de Janeiro: Forense, 2015.

SANTOS, P. A. dos. *Fundamentos de sociologia geral.* São Paulo: Atlas, 2013.

STONES, R. Ação racional. In: SCOTT, J. (Org.). *Sociologia:* conceitos-chave. Rio de Janeiro: Zahar, 2010.

TESKE, O.; SIMÃO, A. R. F. *Sociologia:* textos e contextos. 2. ed. Canoas: Ulbra, 2005.

Leituras recomendadas

ARON, R. *As etapas do pensamento sociológico.* São Paulo: Martins Fontes, 2002.

GIDDENS, A. *Política, sociologia e teoria social.* São Paulo: UNESP, 1998.

MARX, K. *O manifesto comunista.* São Paulo: Boitempo, 2010.

SANTOS, V. M. dos. *Sociologia da administração.* 2. ed. Rio de Janeiro: LTC, 2016.

SCHAEFER, R. T. *Fundamentos de sociologia.* 6. ed. Porto Alegre: AMGH, 2016.

WEBER, M. *Economia e sociedade.* Brasília: UNB, 2009. v. 1–2.

A sociologia do Direito como ciência social

Objetivos de aprendizagem

Ao final deste texto, você deve apresentar os seguintes aprendizados:

- Conceituar sociologia jurídica.
- Identificar a sociologia do Direito e no Direito.
- Reconhecer a influência da sociologia no estudo do Direito.

Introdução

A sociologia do Direito como ciência social tem por objeto o estudo das relações concretas entre o Direito e a sociedade. Para compreender tal fenômeno, você vai estudar, neste capítulo, o conceito de sociologia do Direito, também chamada de sociologia jurídica, após recordar os conceitos da sociologia e do Direito.

Além disso, você vai identificar a sociologia do Direito e no Direito, e como essas ciências se relacionam, bem como ler sobre a influência da sociologia no estudo do Direito e analisar as abordagens aqui destacadas.

Conceito e objeto da sociologia do Direito

Para que você entenda o conceito da sociologia do Direito, também conhecida como sociologia jurídica, é importante recordar as definições da sociologia e do Direito para precisar o conceito e o objeto da sociologia do Direito ou jurídica.

De acordo com o professor Ricardo Soares (2012, p. 15), a **sociologia** "é uma ciência que estuda os modos de criação e organização das relações e instituições sociais, abordando as conexões recíprocas entre os indivíduos e a sociedade".

Saiba mais

Segundo o professor Antonio Sérgio Spagnol (2013, p. 19):

> [...] alguns especialistas utilizam o termo "sociologia do direito", outros, "sociologia jurídica". O primeiro se refere ao ramo da Sociologia que tem como objetivo estudar o fenômeno jurídico como componente da vida em sociedade. Para outros, o segundo deve ser empregado para explicar o papel das instituições jurídicas. E outros especialistas ignoram qualquer distinção.

Tratando-se do conceito de Direito, para o professor Sérgio Cavalieri Filho (2015), o **Direito** é um conjunto de normas de conduta, universais, abstratas, obrigatórias e mutáveis, impostas pelo grupo social, destinadas a disciplinar as relações externas do indivíduo com o objetivo de prevenir e compor conflito.

Partindo dessas definições, é possível destacar e traçar os principais aspectos da sociologia e do Direito:

- estudo das relações e instituições sociais, sociedade, em relação à sociologia;
- conjunto de normas de conduta que disciplinam as relações externas do indivíduo (prevenção), pontos destacáveis em relação ao Direito.

Nesse sentido, segundo entendimento do professor Ricardo Soares (2012, p. 16), a **sociologia do Direito**, ou sociologia jurídica, é um:

> Ramo da Sociologia Geral e que tem por objeto o estudo das relações concretas entre o Direito e a sociedade, ou seja, busca investigar a influência da sociedade na formação do direito, bem como o influxo do fenômeno jurídico no campo das relações humanas em sociedade.

Para o professor Sérgio Cavalieri Filho (2015), a **sociologia do Direito**, ou sociologia jurídica, descreve a realidade social do Direito sem levar em conta a sua normatividade. Preocupa-se com a existência do Direito como produto ou fenômeno social, decorrente das inter-relações sociais, não como foi concebido ou equacionado pelo legislador. Dessa forma, fica evidenciado que o objeto da sociologia jurídica, ou sociologia do Direito, é o estudo dos fatos sociais com relação à criação e aplicação do Direito.

A definição da sociologia do Direito, ou sociologia jurídica, evidencia como é constante e profunda a relação entre as duas ciências, ou seja, entre o Direito e a sociologia, visto que, independentemente das suas definições primárias, ambas se encontram conexas no que diz respeito à sociedade.

Fique atento

A sociologia do Direito não se confunde com a filosofia do Direito, que trata de ideias e correntes filosóficas, tendo o Direito como objeto. Tampouco se confunde com a ciência do Direito, visto que esta se refere ao conhecimento das normas jurídicas, ao contrário da sociologia do Direito, que visa ao estudo dos fatos sociais com relação à criação e aplicação do Direito.

Sociologia do Direito e no Direito

Com o avanço da tecnologia, novas formas de relações sociais foram estabelecidas na sociedade, principalmente quanto à comunicação e mudança comportamental em relação a opiniões públicas sobre temas considerados polêmicos. A globalização repercute diretamente no modo de vida do indivíduo, bem como no funcionamento do Estado, que, apesar das suas debilidades funcionais estruturais, busca assegurar, como um todo, as garantias constitucionais aos cidadãos. Nesse sentido, convém destacar a opinião do professor Antonio Sérgio Spagnol (2013, p. 20):

> O Estado, que antes aparecia como intervencionista através de planos mirabolantes, sofre agora com a influência de novos agentes políticos, econômicos e sociais que não levam em consideração nenhum tipo de fronteira e estão presentes em todos os momentos e lugares. Temos diante de nós um novo cenário que se descortina e que exige uma nova configuração nas relações humanas. A sociologia busca assim analisar essas mudanças e instrumentalizar o direito para tentar compreender esse novo cenário.

De acordo com o professor Reinaldo Dias (2014), os sociólogos Émile Durkheim (1858–1917) e Max Weber (1864–1920) foram responsáveis por consolidar a sociologia do Direito como uma disciplina autônoma e com um sistema conceitual próprio no campo jurídico. Além disso, os métodos científicos utilizados por estes e outros pensadores, como, por exemplo, Karl

Marx, contribuíram para o estudo da sociedade. Segundo o professor Richard Schaefer (2006, p. 45), o método científico "é uma série organizada e sistemática de passos que garante a máxima objetividade e uniformidade à pesquisa de um problema".

Seguindo o raciocínio sobre a aplicação dos métodos, é importante destacarmos que, segundo o filósofo e sociólogo francês Levy Brühl (1997, p. 100–117), os métodos empregados por um juristicista ao realizar pesquisas se resumem em:

Observação — apresenta-se sob aspectos diferentes, dependendo de se os fenômenos jurídicos estudados se encontram em sociedades contemporâneas de tipo moderno (a sua principal fonte de informação são as fontes escritas, como a jurisprudência, coletânea de leis e registro, sendo o inquérito e as estatísticas procedimentos técnicos que facilitam o trabalho do juristicista), sociedades contemporâneas de tipo arcaico (em consequência da falta da escrita, a observação do pesquisador é realizada no próprio lugar, pois assim o pesquisador terá ampla visão sobre a estrutura jurídica e econômica das sociedades contemporâneas de tipo arcaico) ou sociedades desaparecidas (a observação é baseada na natureza dos vestígios deixados pelos povos, por exemplo, os documentos jurídicos de povos da Mesopotâmia).

Interpretação — consiste no exame e na classificação dos fatos sociais coletados, extraindo-se deles as primeiras conclusões. Para isso, o pesquisador utiliza vários métodos, como, por exemplo, o dedutivo (o que vale para o geral há de valer para o particular) e o indutivo (o que vale para o particular há de valer para o geral). Convém destacar que a aplicação dos métodos dedutivo e indutivo é objeto de questionamento.

Comparação — ao aplicar o Direito, o jurista recorre à comparação (outras sentenças, costumes, entre outros). O método comparativo pode ser realizado por um plano temporal, histórico (também chamado de plano vertical, no qual comparam-se os resultados de observações realizadas em uma mesma sociedade, mas em épocas diferentes) e pode ser realizada por um plano espacial, geográfico, também chamado de plano horizontal. Nesse plano, a comparação é feita entre os resultados obtidos nas observações efetuadas em diferentes sociedades contemporâneas.

O jurista, ao valer-se de tais métodos, principalmente da observação e da comparação, evita que haja violação da norma jurídica e que não seja preciso a aplicação de sanções, visto que, segundo o professor Eduardo Iamundo (2013,

p. 60), "as normas do Direito servem simultaneamente como instrumentos para conformar de modo sistemático a convivência social". Cabe destacarmos, nesse sentido, que a eficácia da norma jurídica depende de uma circunstância sociológica, ou seja, social.

Além disso, quanto à interação da sociologia do Direito ou jurídica no Direito, a lei, segundo Eduardo Iamundo (2013, p. 62), "tem participação na manutenção e transmissão dos fatores que compõem o meio social, assim as transformações sociais devem ser observadas e obrigatoriamente incorporadas à lei". Nesse sentido, analisando a atualidade, temas como a transexualidade, o aborto de filhos gerados por barriga de aluguel e a robótica humana devem ser observados, comparados, interpretados e incorporados à lei, compaginado assim a sociologia, o Direito em profusão dos estudos e do aperfeiçoamento da aplicação de estudos da sociologia jurídica.

A legalização da maconha, por exemplo, destaca-se como tema de constante debate sociojurídico no cenário brasileiro.

Saiba mais

Para aprofundar os seus conhecimentos sobre o tema, confira a obra *Sociologia do Direito*, de Renato Treves (2004).

Influência da sociologia no estudo do Direito

Partindo do pressuposto de que o Direito é um fenômeno social, no qual as normas são, em regra, estabelecidas para prevenir e sancionar os conflitos individuais ou coletivos, a sociologia jurídica ou sociologia do Direito serve como ferramenta para que o legislador crie, altere ou extinga uma norma jurídica.

Dessa forma, é importante que o legislador esteja atento à realidade social, pois é por meio da observação da mudança comportamental da sociedade que o legislador terá condições de idealizar a melhor norma para assegurar ou punir determinado ato. A inobservância das mudanças sociais faz leis obsoletas seguirem existindo e projetos de leis inócuos serem criados, que de nada contribuem para o progresso jurídico social democrático de um Estado.

Além disso, os operadores do Direito — como juízes, advogados, promotores, defensores, delegados e outros — valem-se da sociologia jurídica para analisar o caso sobre o qual terão que expressar uma opinião jurídica. Como consequência, é cada vez mais comum que juízes realizem interpretações extensivas ou restritivas a partir da coleta de informações sociais sobre o caso em apreciação.

Nesse sentido, os costumes, a analogia e a eficácia da norma são utilizados como recursos na aplicação da norma jurídica e, por exemplo, no convencimento de um juiz.

A observância dos fatos sociais contribui para que o jurista, ao aplicar o Direito, busque previamente entender o motivo da motivação do ato que requer a aplicação do Direito, pois, assim, a partir da sociologia do Direito, o profissional do Direito terá condições de estabelecer parâmetros e propor medidas de combate ao crescente número de casos de violência sexual realizados em transportes públicos, suicídio de jovens incentivados por jogos virtuais, alimentos geneticamente modificados, entre outros.

Segundo o professor Reinaldo Dias (2014), os principais fatores sociais que influenciam o Direito são:

Desenvolvimento econômico — as normas jurídicas são adaptadas segundo o processo de produção, forma de distribuição e níveis de consumo. Um exemplo disso é a diferenciação de sociedades agrícolas e industrializadas.

Transformações sociais — a Lei Maria da Penha (Lei nº 11.340, de 7 de agosto de 2006, que combate à violência doméstica) e a Lei Carolina Dickman (Lei nº 12.737, de 30 de novembro de 2012, que combate ao crime cibernético) são exemplos de fatos sociais que implicaram na mudança no Direito. Acompanhando as transformações sociais e a evolução da ciência, é cada vez mais comum a divulgação de novas pesquisas de reprodução humana, como a divulgada no ano de 2014, que causou polêmica social em consequência de cientistas ingleses e americanos criarem embriões humanos a partir do DNA de um homem e duas mulheres. Em caso de conflito, o operador do Direito teria que precisar quem seria a mãe biológica e o destino dos embriões não utilizados.

Política — em decorrência da luta por poder e considerando a realidade atual, é constante a judicialização política. Com relação ao poder e ao domínio da política e do Estado, na concepção marxista, seria o Direito um mecanismo de domínio da classe dominante sobre a dominada.

Tecnologia — os avanços da tecnologia são temas de embate social principalmente em razão dos costumes e da religião. Contudo, influenciados pela sociologia, os operadores do Direito, cada vez mais, têm recorrido à tecnologia para avançar o acesso jurídico à população em geral, outro ponto que, em países como Brasil, ainda carece de regulamentações.

Cultura — a cultura, um dos principais campos de estudo da sociologia, serve como instrumento para compreendermos a formação e evolução social. Em consequência disso, é notório o fato de que o Direito se relaciona diretamente com a cultura da comunidade na qual está imerso, ou seja, integra-a, sofre influência e a influencia.

Partindo de tais pressupostos, fica visível como a sociologia influencia significativamente os estudos do Direito, visto que ambas as ciências, de modo direto ou indireto, analisam os aspectos sociais, e, em comunhão com outros ramos da ciência, os operadores do Direito impedem que sejam realizadas injustiças sociais e que o Direito seja aplicado à letra fria da lei.

O cenário jurídico e social mundial demonstra como ainda é latente a inobservância dos aspectos sociais na aplicação da norma, ponto esse que bloqueia o progresso da justiça. Além disso, o desconhecimento e a confusão da sociologia jurídica com outros ramos favorecem análises superficiais e aplicação errônea de métodos científicos.

Assim, é importante que a sociologia do Direito siga influenciando o estudo do Direito, possibilitando ao indivíduo perceber o fenômeno jurídico como fato social.

Saiba mais

Sobre temas contemporâneos da sociologia do Direito, confira a obra de Krell (2017), Temas contemporâneos de sociologia do Direito.

Referências

CAVALIERI FILHO, S. *Programa de sociologia jurídica*. 14. ed. Rio de Janeiro: Forense, 2015.

DIAS, R. *Sociologia do Direito*: a abordagem do fenômeno jurídico como fato social. 2. ed. São Paulo: Atlas, 2014.

IAMUNDO, E. *Sociologia e antropologia do Direito*. São Paulo: Saraiva, 2013.

SCHAEFER, R. T. *Sociologia*. 6. ed. Porto Alegre: AMGH, 2006.

SOARES, R. M. F. *Sociologia do Direito*. São Paulo: Saraiva, 2012.

SPAGNOL, A. S. *Sociologia jurídica*. São Paulo: Saraiva, 2013.

Leituras recomendadas

ARON, R. *As etapas do pensamento sociológico*. São Paulo: Martins Fontes, 2002.

GIDDENS, A. *Política, sociologia e teoria social*. São Paulo: UNESP, 1998.

KRELL, O. J. G. *Temas contemporâneos de sociologia do Direito*. Rio de Janeiro: Lúmen, 2017.

LÉVY-BRUHL, H. *Sociologia do Direito*. 2. ed. São Paulo: Martins Fontes, 1997.

ROCHA, J. M. de S. *Sociologia geral e jurídica: fundamentos e fronteiras*. 4. ed. rev. e ampl. Rio de Janeiro: Forense, 2015.

SCHAEFER, R. T. *Fundamentos de sociologia*. 6. ed. Porto Alegre: AMGH, 2016.

TREVES, R. *Sociologia do Direito*. Barueri: Manole, 2004.

A sociologia como conhecimento científico historicamente situado

Objetivos de aprendizagem

Ao final deste texto, você deve apresentar os seguintes aprendizados:

- Identificar a classificação das ciências sociais a partir da sua divisão conceitual básica entre teoria e método.
- Descrever a evolução histórica da sociologia, analisando as correntes que a construíram.
- Reconhecer parte da influência das doutrinas sociais no Brasil.

Introdução

A sociologia é uma disciplina que surge de uma necessidade real: como entender a complexidade das relações sociais? As áreas do conhecimento, apesar de trazerem elementos importantes para a compreensão da sociedade, estavam desordenadas e em conflito diante dos novos desafios que estavam surgindo. Coube, portanto, a esse novo ramo do conhecimento a difícil tarefa de construir conceitos próprios e novas metodologias capazes de responder aos anseios dos novos tempos.

Neste capítulo, você vai ler a respeito de como a sociologia surgiu e acompanhar a evolução do seu pensamento por meio das principais teorias desenvolvidas pelos grandes nomes da sociologia. Você também vai analisar como essa disciplina trabalha com a realidade, sendo capaz de discernir todos os elementos da sua constituição. Por fim, vai avaliar um pouco da grande influência que essas ideias tiveram no Brasil.

Classificação da sociologia

É uma tarefa difícil classificar a sociologia, uma vez que não se pode encontrar um conceito preciso e único que a defina. Cada teoria desenvolvida pelos grandes nomes da disciplina traz consigo os seus próprios termos e conceitos. No entanto, algo aparece como elemento comum a todas elas: o **estudo das relações e interações humanas**.

Como toda estruturação teórica de pensamento, a sociologia aparece sob o enfoque de uma subdivisão principal. Ela pode ser dividida em duas partes: teoria e método. A **teoria** trata de conceitos, teorias e generalizações; **o método**, de um instrumental capaz de tornar possível a investigação dos fenômenos sociais.

Independentemente dessa subdivisão principal, a sociologia pode ser classificada sob o ponto de vista das realidades sociais de que pretende se ocupar. Assim, temos a sociologia do conhecimento, urbana, rural, da família, da indústria, política, da educação, da cultura, entre outras. Ou seja, desde que o pesquisador pretenda analisar determinada realidade social com o intuito de explicar — ampla, sistemática e profundamente — os aspectos sociais de algum setor específico da sociedade e, para isso, empregue teorias e métodos próprios à área em questão, podemos falar em **estudo sociológico** (ENCICLOPÉDIA MIRADOR INTERNACIONAL, 1979).

Teorias sociológicas

Teoria, para a sociologia, é um instrumento intelectual que serve para entender a realidade. Ela é dividida em três tópicos gerais, tratados a seguir:

- tipos de generalização de empregados;
- conceitos e esquemas de classificação;
- tipos de explicação.

Tipos de generalização de empregados

Usando a classificação de Morris Ginsberg (1889–1970), temos seis tipos de generalizações:

- correlações empíricas entre fenômenos sociais concretos;
- generalizações das condições sob as quais as instituições e outras formações sociais surgem;

- generalizações afirmando que as modificações em determinadas instituições estão regularmente associadas às modificações ocorridas em outras instituições;
- generalizações afirmando a existência de repetições rítmicas de vários tipos;
- generalizações descrevendo as principais tendências de evolução da humanidade como um todo;
- elaboração de leis sobre implicações e suposições relacionadas ao comportamento humano.

Conceitos e esquemas de classificação

É nesse campo do conhecimento que a sociologia mais pôde contribuir para a análise das conjunturas sociais. No entanto, mesmo tendo criado e isolado conceitos e definições importantes, ainda muito deve ser desenvolvido nesse aspecto. Ainda não se chegou à determinação de conceitos centrais fundamentais na construção de uma sistematização teórica. Nesse sentido, podemos verificar que muitos conceitos são utilizados por pensadores em sentidos diferentes. E, por fim, na tentativa de se avançar na consolidação de conceitos que poderiam ser universais, acabou-se criando um novo problema: essa ênfase nos conceitos criou um distanciamento da prática, ou seja, a sua efetiva utilização ficou comprometida.

Tipos de explicação

As teorias explicativas podem ser divididas em duas partes: com relação à sua causa ou com relação ao seu fim. Do ponto de vista causal, temos uma visão natural da sociedade, em que se pode alcançar a consequência a partir de uma causa, de um motivo que determina os fenômenos sociais estudados. Já a segunda parte se refere a uma teoria explicativa teleológica, ou seja, com relação aos fins do comportamento humano, com relação a propósitos e significados (ENCICLOPÉDIA MIRADOR INTERNACIONAL, 1979).

Métodos sociológicos

Os métodos ou abordagens sociológicas podem ser classificados de sete formas:

- método histórico;
- comparativo;
- funcional;

- formal;
- compreensivo;
- estatístico;
- monográfico.

Método histórico

O método histórico tem por objetivo encontrar e explicar as origens da vida social contemporânea no estudo da sua história, do seu passado. Em outras palavras, ao estudar acontecimentos, processos e instituições de civilizações passadas, pretende entender os fenômenos sociais atuais.

Método comparativo

O método comparativo objetiva o entendimento dos fenômenos sociais, comparando diversos grupos e fenômenos sociais. Por meio das diferenças e semelhanças constatadas nessa comparação, seria possível entender melhor a sociedade objeto de estudo.

Esse método de experiências indiretas foi, por muito tempo, considerado o melhor método sociológico, pois permite que se façam correlações gerais e restritas. Essa abordagem é bastante intuitiva, uma vez que a utilizamos para, por exemplo, ao estudar a democracia, comparar elementos da democracia brasileira com a democracia grega, ou as obras literárias atuais com as clássicas antigas — ou seja, podemos, inclusive, ter um critério de qualidade ao fazer esse tipo de comparação.

Método funcional

Os funcionalistas veem a sociedade como um organismo vivo, no qual cada instituição corresponde a uma função específica no corpo social. A sociedade seria composta por partes inter-relacionadas e independentes, cada uma exercendo uma função essencial ao todo. A correspondência da sociedade com um organismo vivo é tão clara nesse método que os problemas das instituições e sistemas sociais são vistos como patologias sociais.

Método formal ou sistemático

O método formal ou sistemático foca a análise social por meio das relações sociais existentes entre os indivíduos. Para essa abordagem, não importa o conteúdo do comportamento, mas a forma que as ações podem assumir.

Método compreensivo

Diametralmente oposto ao método formal, o método compreensivo tem por fim o significado e os motivos que levam às ações sociais, ou seja, o seu conteúdo.

Método estatístico

A estatística, em si, é uma disciplina fundamental para a análise das variáveis sociais que se pretenda estudar. A coleta de dados a partir de uma amostra ou da população, como um todo, é essencial para tomar ciência dos elementos sociais em estudo. Esses são o objeto de pesquisa do método estatístico, que nada mais é do que aquilo que se está investigando. Se a pesquisa estatística perguntar "quantos livros alguém lê por ano", a variável será o número de livros; e se a pergunta for "qual a religião de um grupo", a religião praticada será a variável.

Saiba mais

As variáveis estatísticas podem ser divididas em duas: variáveis qualitativas (ou atributos), às quais não se atribui valor numérico, e quantitativas, que possuem resposta em valor numérico.

Método monográfico

O método monográfico se dá no estudo de caso. Analisa-se exaustivamente um grupo, uma comunidade, uma instituição ou um indivíduo, com a ideia de que cada elemento estudado representa um todo maior, permitindo a criação de generalizações (ENCICLOPÉDIA MIRADOR INTERNACIONAL, 1979).

Saiba mais

Além da teoria e do método, a sociologia trabalha com o conceito de técnicas sociológicas. Diferentemente dos métodos, que são uma opção estratégica (não podendo ser confundidos com os objetivos, planos ou projetos a que se propõe a pesquisa), as técnicas estão no nível de etapas práticas de operação, vinculadas a elementos concretos e centrados em uma finalidade predefinida. Pode-se dizer que a relação dos dois é a seguinte: o método é um conceito intelectual que coordena um conjunto de técnicas.

Como exemplo de técnicas, temos as entrevistas em profundidade, os formulários e os questionários, que podem ser do tipo fechado (com respostas a serem escolhidas em um rol pré-determinado) ou do tipo aberto (em que o entrevistado opina livremente). Essas técnicas não são exclusivas, ou seja, pode ser usada mais de uma na mesma pesquisa.

Exemplo

Um exemplo de teoria explicativa de tipo causal na sociologia é a teoria histórico-dialética de Marx. Para ele, a história segue um rumo natural por meio do conflito e, nesse sentido, haverá necessariamente uma evolução da sociedade. Uma vez dada a causa de que as forças produtivas entram em conflito com as relações de produção, necessariamente haverá o surgimento de uma nova estrutura social.

Como exemplo de teoria explicativa de tipo teleológico, podemos citar os utilitaristas, que veem o indivíduo nas suas interações sociais como um ser que tem por fim sempre a diminuição de desconfortos, maximizando a sua felicidade.

A evolução da história da sociologia

Os sofistas na Grécia antiga estudavam os comportamentos sociais, mas dedicavam-se ao descobrimento e à elaboração de provas racionais, como a lógica e a matemática. Mais recentemente, outras disciplinas também tratavam, em parte, do objeto da sociologia, como a filosofia política, a filosofia da história, as teorias biológicas da evolução e os movimentos que objetivavam reformas sociais e políticas, pois se esforçavam em mapear os dados da condição da população; portanto, eram antecedentes da sociologia como conhecemos hoje.

A teoria sociológica surge não meramente do reagrupamento de teorias e disciplinas já existentes, mas agregando a isso a criatividade para a *resolução de problemas que passam a pairar sobre a convivência social* — problemas que não podiam ser analisados sob a perspectiva dos conhecimentos até então desenvolvidos, dando oportunidade para a criação de grandes correntes sociológicas.

Portanto, em que pese podermos estudar o desenvolvimento da sociologia, ou seja, a evolução das suas teorias, dos seus métodos e das técnicas sociológicas de várias formas, a análise da disciplina em função das grandes correntes e ramos é a que mais esclarece a sua formação, o seu desenvolvimento e o seu crescimento. Assim, a perspectiva desenvolvida por Don Martindale (1915–1985) é a melhor e a mais abrangente.

O autor divide a sociologia em cinco grandes correntes desenvolvidas ao longo da história:

- organicismo positivista;
- teorias do conflito;
- formalismo;
- behaviorismo social;
- funcionalismo.

Organicismo positivista — Comte

O organicismo positivista surge da brilhante junção, feita por Auguste Comte, de duas construções teóricas conflitantes: o organicismo e o positivismo.

A primeira construção teórica, por ter influência direta do idealismo, estrutura-se com base em um modelo orgânico da história, da sociedade e da civilização. Essa visão tinha como ponto central três elementos:

- o conceito teleológico e fatalista da natureza, que prescreve que esta já teria um fim predeterminado;
- a ideia de que não se poderia intervir na sociedade e na natureza para observá-las sob pena de influenciá-las negativamente com a observação;
- a relação orgânica entre os diversos setores e instituições sociais, ou seja, essa relação se dá como a de um organismo vivo.

O positivismo, por outro lado, parte da ciência natural, dando ênfase à experiência para analisar a sociedade. Com influência mais filosófica, dá mais atenção ao empirismo e aos problemas metodológicos.

Portanto, a síntese dessas duas tradições intelectuais contraditórias, elaborada com habilidade por Auguste Comte, foi o que permitiu a consolidação da sociologia.

Teorias do conflito — Marx

Segunda grande corrente do pensamento sociológico, a teoria do conflito surge da incapacidade da sua predecessora de ligar com os problemas que envolviam o embate inter-humano na sociedade, por ser uma teoria que dava ênfase à harmonia, à ordem e à integração de seus fatores. Então, o grupo social passa a ser visto como um equilíbrio de forças suscetíveis à interferência externa. São pertencentes a essa corrente o darwinismo social e o marxismo.

Formalismo — Kant

Com uma preocupação de retorno às teorias filosóficas do passado em busca de uma orientação para o futuro, surge o **formalismo sociológico**. Ao dar ênfase às relações entre pessoas concretas (como a relação entre marido e mulher ou entre empregador e empregado), em detrimento das relações entre as sociedades globais, abre caminho para o surgimento da psicologia social. Essa teoria também surge de uma contradição de ideias: de um lado, o ramo fenomenológico e, de outro, o neokantismo.

Saiba mais

A filosofia de Kant divide o conhecimento em duas partes: o estudo das formas, que são necessárias, e do conteúdo, que é contingente, em oposição ao ramo fenomenológico que considera o conteúdo fundamental para o entendimento das formas.

Para exemplificar o pensamento kantiano, utilizando o Direito, você pode considerar o conceito de imperativo categórico desenvolvido pelo autor. Diz Kant que não devemos agir desta ou daquela maneira, ou seja, não nos informa o conteúdo da lei, apenas nos diz como devemos agir, o que seria a forma da lei. Segundo suas próprias palavras: "Age apenas segundo uma máxima tal que possas ao mesmo tempo querer que ela se torne lei universal" (KANT, 1980, p. 129).

Behaviorismo social — Weber

A quarta corrente de desenvolvimento da sociologia é o behaviorismo social, cujo ramo mais conhecido é o da teoria da ação social, desenvolvido por Weber. Segundo esse autor, para que possamos entender a sociedade, devemos utilizar um elemento que ele chama de **método do tipo ideal**. Este consiste em uma construção mental na qual se realçam determinados elementos do contexto social para fins de estudo (WEBER, 1998).

Funcionalismo — Pareto

O quinto e último momento histórico da sociologia é marcado pelo funcionalismo, que é a corrente que acaba por retornar às teorias iniciais que aqui estudamos. O funcionalismo é dividido em duas partes: macrofuncionalismo e microfuncionalismo, sendo o primeiro derivado do organicismo e da antropologia; e o segundo, um reflexo da tradição positivista.

Destaca-se do behaviorismo por, em vez de priorizar o indivíduo, dar prioridade aos sistemas (ENCICLOPÉDIA MIRADOR INTERNACIONAL, 1979).

A sociologia no Brasil

É evidente que todas as teorias sociológicas desenvolvidas ao longo da história tiveram, de algum modo, influência aqui no Brasil. Poderíamos dar foco na influência da cada etapa do desenvolvimento da disciplina e analisar os seus efeitos no País. No entanto, um merece mais atenção: a influência do positivismo comtiano no Brasil.

Estima-se que o positivismo tenha entrado no País por volta de 1850, por meio do que se ensinava nas escolas militares e técnicas. A primeira obra que aparece nessa linha de pensamento foi a tese *Plano e método de um curso de fisiologia*, que se refere a Auguste Comte, apresentada à Faculdade de Medicina da Bahia pelo autor Dr. Justiniano da Silva Gomes, em 1844.

No Maranhão, em 1860, começa a ser impresso o jornal *Ordem e Progresso*, editado pela liga entre liberais e conservadores.

Em 1868, Benjamin Constant inaugura a Sociedade para a Difusão do Positivismo, no Rio de Janeiro.

Papel importante também nessa ascensão do positivismo no Brasil teve Luís Pereira Barreto, nascido em 1840, que estudou medicina em Bruxelas, onde teve contato com a disciplina. Ao retornar ao Brasil em 1865, passou a difundir o positivismo no País. Também publicou em jornais da França, Alemanha, Bélgica e Inglaterra; teve maior destaque sua obra *As três filosofias*, que veio a influenciar, na Faculdade de Direito de São Paulo, Júlio de Castilhos.

E, por fim, o meio de maior divulgação do positivismo comtiano no Brasil foi o Apostolado Positivista do Brasil, criado no Rio de Janeiro em 1881, por Teixeira Mendes e Miguel Lemos.

Sob influência direta do positivismo, Júlio de Castilhos escreve a Constituição Positivista de 14 de julho de 1891, uma constituição estadual. Isso passa a ser algo original, pois o Brasil, mais precisamente o Rio Grande do Sul, seria o único lugar no mundo onde a doutrina positivista de Auguste Comte começa a ser aplicada diretamente na política, visto que Júlio de Castilhos e Benjamin Constant (considerado verdadeiro fundador da República) eram homens de ação e se apoiavam na doutrina para resolver problemas práticos que se lhes apresentava no dia a dia (SOARES, 1996).

Assim, tínhamos três **categorias de positivistas no Brasil** (SOARES, 1996):

- os intelectuais da filosofia positiva;
- os políticos, preocupados com os problemas práticos que essa filosofia poderia resolver;
- os ortodoxos, que pertenciam ao Templo da Humanidade, uma espécie de igreja positivista.

Saiba mais

A expressão da nossa bandeira, "Ordem e progresso", é de inspiração positivista.

O chamado castilhismo acabou por influenciar, por meio da preponderância positivista na formação educacional das elites militares, a subida de Getúlio Vargas ao poder.

Esse foi apenas um aspecto que podemos delimitar da influência das teorias sociológicas na realidade brasileira, mais especificamente na história do Brasil. No entanto, a riqueza de elementos sociais que podem ser estudados sob o ponto de vista da sociologia é vasto. Mesmo a Constituição de 1891, como vimos, de influência positivista, pode ser analisada sob a perspectiva da teoria weberiana (BARZOTTO, 2000). Assim também as teorias dos demais nomes da sociologia — como Marx e Durkheim, para citar os mais conhecidos — são fundamentais nos estudos dos fenômenos sociais brasileiros.

Referências

BARZOTTO, L. F. Constituição e dominação: uma leitura weberiana da constituição castilhista de 1891. *Revista Estudos Jurídicos*, São Leopoldo, v. 33, n. 88, 2000.

ENCICLOPÉDIA MIRADOR INTERNACIONAL. Rio de Janeiro: Encyclopaedia Britannica Editores, 1979. v. 19.

KANT, I. *Fundamentação da metafísica dos costumes.* São Paulo: Abril Cultural, 1980.

SOARES, M. P. *Júlio de Castilhos.* 2. ed. Porto Alegre: Instituto Estadual do Livro, 1996.

WEBER, M. *Economia y sociedad.* 2. ed. México: Fondo de Cultura Economica, 1998.

Leituras recomendadas

ARON, R. *As etapas do pensamento sociológico.* São Paulo: Martins Fontes, 1997.

PAIM, A. *História das ideias filosóficas no Brasil.* 2. ed. São Paulo: Universidade de São Paulo, 1974.

Émile Durkheim e a sociologia como ciência autônoma

Objetivos de aprendizagem

Ao final deste texto, você deve apresentar os seguintes aprendizados:

- Reconhecer Émile Durkheim como um dos fundadores da sociologia do Direito.
- Caracterizar o fato social a partir de Émile Durkheim.
- Apresentar os conceitos políticos, jurídicos e específicos de Durkheim.

Introdução

Neste capítulo, você vai ler sobre um dos maiores nomes da sociologia pura e do Direito: Émile Durkheim, um clássico que influencia autores até os dias de hoje. Ainda neste capítulo, você vai conhecer os conceitos fundamentais da sua obra, como de anomia, solidariedade e divisão do trabalho, conceitos interligados fundamentais para a compreensão da teoria de Émile Durkheim.

Émile Durkheim e a sociologia do Direito

Preliminares biobibliográficas

Émile Durkheim (1858–1917), junto com Karl Marx e Max Weber, é considerado um dos pilares da disciplina que conhecemos hoje como sociologia. Nasceu em 15 de abril de 1858, em Épinal, França. Formou-se na École Normale Superieure (Paris), à época dirigida por Fustel de Coulanges, e, mais tarde, lecionou em Bourdoux, onde escreveu:

- *A divisão do trabalho social*, como tese de doutoramento (1893);

- *As regras do método sociológico* (1895);
- *O suicídio* (1897);
- *Lições de sociologia*;
- *Física dos costumes e do Direito* (cursos ministrados entre 1896-1900).

Lecionou na Sorbonne em 1902, como professor auxiliar na cátedra de educação, disciplina da qual se tornou titular em 1906, mudando, em 1910, o nome da cátedra para sociologia. Assim, tornou-se o primeiro professor dessa disciplina. Os seus principais discípulos foram:

- o antropólogo Marcel Mauss, que era seu sobrinho;
- o historiador Gustav Glotz;
- o jurista Léon Duguit.

A Figura 1 apresenta a biografia de Émile Durkheim.

1858 15 de abril. Nasce, em Épinal, Émile Durkheim, de uma família judia em que houve vários rabinos. Seu pai morre quando Durkheim ainda era muito pequeno. Estuda no colégio de Épinal e depois se prepara, em Paris, no liceu Louis-le-Grand, para o concurso de admissão à École Normale Supérieure. Encontro com Jean Jaurès, na pensão Jauffret: Jaurès ingressa na Escola Normal um ano antes de Durkheim.

1879 Durkheim começa a estudar na École Normale Supérieure; entre seus professores, estão Fustel de Coulanges e de Boutroux.

1882 Formado em filosofia, Durkheim é nomeado professor em Sens e em Saint-Quentin.

1885-1886 Um ano de licença, para estudar ciências sociais em Paris e na Alemanha, com Wundt.

1886-1887 De volta da Alemanha, Durkheim publica, na *Revue philosophique*, três artigos: "Les études récentes de science sociale", "La science positive de la morale en Allemagne", "La philosophie dans les universités allemandes".

1887 Durkheim é nomeado professor de pedagogia e de ciência social na Faculdade de Letras da Universidade de Bordeaux. Trata-se do primeiro curso de sociologia criado em uma universidade francesa. Espinas, Hamelin e Rodier são seus colegas; Charles Lalo e Léon Duguit, seus alunos[12].

1888 Artigo sobre "Suicídio e natalidade", na *Revue philosophique*.

1891 Durkheim dá um curso para os candidatos à diplomação em filosofia, para estudar com eles os grandes precursores da sociologia (Aristóteles, Montesquieu, Comte...).

1893 Nota sobre a definição do socialismo, na *Revue philosophique*.
Durkheim defende sua tese de doutoramento, *Da divisão do trabalho social*, juntamente com *La contribution de Montesquieu à la constitution de la science sociale*.

1895 *As regras do método sociológico.*
1896 O curso de sociologia de Durkheim é transformado numa cátedra. Fundação de *L'année sociologique*, onde Durkheim publica "La prohibition de l'inceste et ses origines", "La définition des phénomènes religieux", etc.
1897 *Le suicide.*
1900 Artigo "Sur le totémisme", em *L'année sociologique*. Durkheim, militante do laicismo, profundamente abalado pelo caso Dreyfus, preocupa-se, cada vez mais, com o problema religioso.
1902 Durkheim é nomeado suplente da cadeira de pedagogia da Sorbonne.
1906 Nomeado titular da cadeira de pedagogia da Faculdade de Letras de Paris, onde ensina paralelamente sociologia e pedagogia.
Comunicação à Sociedade Francesa de Filosofia sobre *La détermination du fait moral.*
1909 Curso no Collège de France sobre "As grandes doutrinas pedagógicas na França desde o século XVIII".
1911 Comunicação ao Congresso de Filosofia de Bolonha sobre *Jugements de réalité et jugements de valeur.*
1912 *As formas elementares da vida religiosa.*
1913 Sua cadeira recebe o nome de "Cátedra de Sociologia da Sorbonne". Comunicação à Sociedade Francesa de Filosofia sobre *Le problème religieux et la dualité de la nature humaine.*
1915 Durkheim perde seu único filho, morto em combate na Salônica. Publica dois livros, inspirado pelas circunstâncias: *L'Allemagne au-dessus de tout. La mentalité allemande et la guerre*; e *Qui a voulu la guerre? Les origines de la guerre d'après les documents diplomatiques.*
1917 Em 15 de novembro, morre Durkheim, em Paris.

Figura 1. Biografia de Émile Durkheim.
Fonte: Aron (1997, p. 369).

Sociologia do Direito

Para Durkheim, a sociologia do Direito tem a incumbência de dar conta de certas tarefas. Segundo ele, tendo em vista o papel que o Direito representa na manutenção da ordem, o sociólogo deve investigar:

- as causas históricas das regras jurídicas;
- as funções das regras jurídicas;
- o funcionamento (como são aplicadas) das regras jurídicas.

Para ele, o Direito é coextensivo à vida social: "A sociedade tende inevitavelmente a se organizar, e o Direito é a esta organização naquilo que ela possui de mais estável e mais preciso" (DURKHEIM, 1995, p. 31-32).

Para Durkheim, a regra jurídica é definida como uma regra de conduta dotada de uma **sanção** (DURKHEIM, 1995). Essa ênfase dada à sanção é típica de um pensamento obcecado com a ordem.

Ao analisar a sanção, ele a divide em duas: a repressiva e a restitutiva. A primeira consiste em impor um sofrimento ao indivíduo, privando-o de algum bem, como a vida, a liberdade, a honra, a fortuna, entre outros. A segunda consiste na recondução de uma relação perturbada à sua forma normal (DURKHEIM, 1995). Cada tipo de sanção corresponde a uma função e um fundamento (Quadro 1).

Quadro 1. Tipos de sanção.

	Repressiva	**Restitutiva**
Fundamento da sanção	Sentimento	Utilidade
Função da sanção	Vingança	Restauração

Dessa forma, podemos também classificar o Direito em **Direito repressivo**, que é aquele que utiliza as sanções repressivas, e o **Direito restitutivo ou cooperativo**, que é aquele que utiliza as sanções restitutivas.

Fato social e instituições

Objeto

Embora Durkheim tenha estabelecido como conceito central do seu pensamento o conceito de **fato social**, na segunda edição das *Regras do método sociológico*, ele começa a utilizar o termo **instituição**. Instituição e fato social são termos que preservam a objetividade do fenômeno social. Por ser mais corrente no âmbito do pensamento jurídico, parece mais adequado a uma sociologia do Direito.

Assim, Durkheim define sociologia como "[...] a ciência das instituições, de sua gênese e de seu funcionamento" (DURKHEIM, 1986. p. 31). Segundo ele, as instituições são as "[...] crenças e modos de conduta instituídos pela comunidade" (DURKHEIM, 1986. p. 31). Como exemplos de instituições, ele traz o Estado, a família, o Direito de propriedade e o contrato (DURKHEIM, 1986).

Os fatos sociais e as instituições trazem consigo duas características essenciais: a exterioridade e o caráter vinculativo ou coercitivo. O autor conceitua exterioridade da seguinte forma:

> Para que haja um fato social, é preciso que vários indivíduos combinem sua ação e que desta combinação resulte um produto novo. E como esta síntese tem lugar fora de nós (posto que nela entra uma pluralidade de consciências), tem necessariamente como efeito o de fixar, instituir fora de nós certas maneiras de agir e certos juízos que não dependem de cada vontade individual considerada à parte (DURKHEIM, 1986, p. 30-31).

Como exemplo, podemos citar o sistema linguístico, a moral, a moda, a moeda, entre outros, que são típicos fenômenos exteriores às consciências individuais.

Com relação à segunda característica, temos que tanto a instituição quanto o fato social se impõem ao indivíduo. Um exemplo disso é a paternidade, que é um fenômeno biológico, mas, enquanto instituição/fato social, cria uma série de deveres. É certo que: "[...] cada um de nós fabrica para si, sua moral, sua religião, sua técnica. Não há conformismo social que não comporte toda uma série de matizes individuais. Contudo, o campo de variações permitidas é limitado" (DURKHEIM, 1986, p. 31).

Método

Quanto ao método utilizado por Durkheim, temos três regras:

Primeira regra — "Os fatos sociais devem ser concebidos como coisas" (DURKHEIM, 1986, p. 18). Decorrem dessa regra duas consequências: a coisa é exterior ao indivíduo, o que acarreta que essa coisa só pode ser conhecida pela experiência; o elemento psicológico não é relevante: na verdade, é impossível determinar com exatidão os motivos subjetivos que deram origem a uma instituição.

Segunda regra — deve haver uma prioridade do todo, da sociedade, com relação à parte, o indivíduo. Pois, segundo Durkheim, a vida de uma célula não se encontra nos átomos que a compõem, mas no modo como estão associados (DURKHEIM, 1986). Desse modo, o todo mostra-se irredutível às partes que o compõem, uma vez que possui propriedades que não estão presentes nas partes. A sociedade, pois, é irredutível à soma dos indivíduos. De fato, se partirmos dos indivíduos, nunca podemos compreender o que ocorre no grupo, uma vez que os membros do grupo agem de modo diferente do que fariam se estivessem isolados.

Terceira regra — a ideia de que um fato social só pode ser explicado por um outro fato social.

Principais conceitos

Solidariedade

Esse conceito fundamental na teoria de Durkheim pode ser descrito como o vínculo objetivo, relação pacífica, existente entre os indivíduos em determinada sociedade. A solidariedade, por sua vez, pode fundamentar-se na semelhança entre indivíduos — chamada, então, de **solidariedade mecânica** — ou na sua diferença — denominada, então, **solidariedade orgânica**.

A solidariedade mecânica é típica de sociedades primitivas, nas quais não ocorreu uma especialização das funções sociais. A consciência individual depende diretamente da consciência coletiva e segue todos os seus movimentos, "[...] como o objeto possuído segue aqueles que o seu proprietário lhe imprime" (DURKHEIM, 1995, p. 107). É essa analogia que justifica o termo **mecânica**. Mas como se dá a consciência coletiva na solidariedade mecânica? A consciência coletiva é o conjunto das crenças e sentimentos comuns à média dos membros de uma mesma sociedade. Como é forte, abrange todas as esferas da vida.

A solidariedade orgânica, por sua vez, é a solidariedade fundada na diferença. É típica das sociedades modernas, em que a divisão do trabalho provoca a diferenciação entre as pessoas. O termo **orgânica** é utilizado em analogia com os órgãos de um ser vivo: estes são diferentes, e é a sua diferença que os torna indispensáveis uns aos outros. Cada membro da sociedade funciona como órgão de um organismo.

Divisão do trabalho social

A divisão social do trabalho consiste na especialização das funções em todos os âmbitos da vida social: econômico, político, religioso, militar, político, científico, artístico, entre outros. Essa divisão não pode ser confundida com a divisão técnica do trabalho, que consiste na decomposição do trabalho em várias fases, atribuindo a cada trabalhador a responsabilidade sobre uma fase.

As causas da divisão do trabalho dizem respeito à passagem da solidariedade mecânica para a orgânica, em que pode haver:

- crescimento demográfico;
- crescimento da densidade demográfica (razão entre indivíduos e superfície);
- crescimento no número de trocas entre os indivíduos de uma sociedade (a chamada densidade moral).

Fique atento

Quanto mais numerosos os indivíduos que procuram viver em conjunto, mais intensa é a luta pela vida. A diferenciação social (especialização) é a solução pacífica da luta pela vida. Com a diferenciação, deixa de ser necessário eliminar a maioria dos indivíduos, a partir do momento em que, diferenciando-os, cada um fornece uma contribuição que lhe é própria para a vida do grupo.

Referências

ARON, R. *As etapas do pensamento sociológico*. São Paulo: Martins Fontes, 1997.

DURKHEIM, É. *Da divisão do trabalho social*. São Paulo: Martins Fontes, 1995.

DURKHEIM, É. *Las reglas del método sociológico*. México: Fondo de Cultura Económica, 1986.

ÉMILE DURKHEIM. In: *Academia Brasileira de Direito do Estado*. 2015. Disponível em: <http://abdet.com.br/site/emile-durkheim/>. Acesso em: 01 fev. 2018.

Karl Marx e as contradições da formação social capitalista

Objetivos de aprendizagem

Ao final deste texto, você deve apresentar os seguintes aprendizados:

- Identificar as obras correspondentes às fases da vida de Karl Marx.
- Analisar a influência da base econômica na vida social.
- Analisar o Direito sob a ótica da teoria de Marx.

Introdução

A teoria marxista é fundamental não apenas na sociologia, mas também em outras áreas do conhecimento. A sua análise sobre o capitalismo é minuciosa. Qualquer estudo que pretenda abordar os aspectos da sociedade deve passar obrigatoriamente pelo que escreveu Marx, mesmo que o propósito seja divergir das suas ideias. Por isso Marx é considerado um clássico, ou seja, é atemporal.

Neste capítulo, você vai conhecer as obras do autor e, por meio delas, quais foram as ideias do jovem Marx e as suas ideias na maturidade. Conhecerá também conceitos fundamentais do autor, como infraestrutura e superestrutura, e como se relacionam entre si. Por fim, tomará conhecimento da abordagem marxista do Direito.

Fases das obras de Marx e a sua antropologia

Por meio das obras de Marx (Figura 1), conhecemos as fases do seu pensamento, os aspectos econômicos, filosóficos, sociológicos e políticos.

Figura 1. Karl Marx.
Fonte: Karl Marx (2018).

Em uma fase inicial, temos os *Manuscritos de 1844*. Marx ainda era hegeliano e fez uma crítica social baseada no conceito ontológico de alienação. Em 1945, escreveu *A Ideologia Alemã* e *A Sagrada Família*, criticando o radicalismo apolítico de Bruno Bauer. Também em 1945, Marx escreveu *Teses Sobre Feuerbach*, publicadas por Engels em 1888. Nessa obra, Marx abordou a ligação entre o materialismo e a prática revolucionária.

Em 1848, escreveu o famoso *O Manifesto Comunista*, em que utiliza uma linguagem simples para resumir a teoria sobre o materialismo histórico e as principais doutrinas marxistas. Em 1857–1858, escreveu vários artigos, cuja coletânea foi publicada em 1839–1841. Em 1859, escreveu *Contribuição à Crítica da Economia Política*, em que começou a elaboração de teorias importantes como a do valor, da mais-valia e da acumulação do capital, as quais, mais tarde, foram mais bem desenvolvidas na sua grande obra *O Capital*, cujos quatro volumes são de 1867, 1885, 1894 e 1904–1910, respectivamente (ENCICLOPÉDIA MIRADOR INTERNACIONAL, 1979).

Saiba mais

Marx foi aluno de Friedrich Carl von Savigny, um dos mais respeitados e influentes juristas alemães do século XIX, maior nome da Escola Histórica do Direito.

Com relação à antropologia de Marx, é importante focar a visão de ser humano que utilizou para escrever a sua obra, ou seja, como diz Axel Honneth, o "[...] tipo ideal antropológico ou filosófico-histórico de onde se deduziam critérios éticos para as patologias sociais" (HONNETH, 2011, p. 123). Para Marx, o humano é o *homo economicus*, o homem econômico, capaz de vender a sua força de trabalho, ao contrário dos gregos, que pensavam o homem como *zoom politikon*, ou o animal político.

Saiba mais

Desde Rousseau, passando por Hegel e Marx, até Hannah Arendt, a filosofia social sempre esteve marcada por tipos ideais antropológicos ou filosófico-históricos, das que se deduziam critérios éticos para as patologias sociais (HONNETH, 2011).

Em trecho de *O Capital*, Marx se refere à sua visão de natureza humana:

> Para determinar a natureza humana geral de tal modo que ela alcance habilidade e destreza em determinado ramo de trabalho, tornando-se força de trabalho desenvolvida e específica, é preciso determinada formação e educação (MARX, 1983, p. 142).

Erich Fromm, por sua vez, ao comentá-la, traz o **conceito de essência** desenvolvido pelo autor, mas também faz uma fundamental distinção entre natureza humana geral e historicamente modificada:

> Deve-se advertir que esta frase do Capital, escrita pelo "velho" Marx, demonstra a continuidade da concepção da essência do ser humano (*Wesen*) sobre a qual escreveu o jovem Marx nos Manuscritos econômico-filosóficos. Não utilizou depois deste o termo "essência", por considerá-lo abstrato e a-

-histórico, mas conservou claramente a noção desta essência em uma versão mais histórica, na diferenciação em "natureza humana em geral" e "natureza humana historicamente modificada" (FROMM, 1998, p. 36).

Tal comentário também é útil para nos situar quanto ao que foi desenvolvido pelo jovem e pelo velho Marx. Essa "essência humana" é composta por três elementos: a **individualidade**, a **sociabilidade** e a **liberdade**. Quanto ao primeiro, diz que a produção social se dá segundo "[...] um plano geral de indivíduos livremente associados" (MARX, 2007, p. 69). Já quanto ao segundo elemento, podemos ver essas três afirmativas do autor, que revelam a importância do outro como elemento do homem como ser social: "A relação do homem consigo mesmo lhe é primeiramente objetiva, efetiva, pela sua relação com outro homem" (MARX, 2004, p. 87).

> Como o ser humano não vem ao mundo nem com um espelho [...], o homem espelha-se primeiramente num outro homem. É somente mediante a relação com Paulo como seu igual que Pedro se relaciona consigo mesmo como ser humano. Com isso, porém, também Paulo vale para ele, em carne e osso, em sua corporeidade paulínia, como forma de manifestação do gênero humano (MARX, 1983, p. 129).

E, por fim:

> A minha própria existência é atividade social; por isso, o que faço a partir de mim, faço a partir de mim para a sociedade, e com a consciência de mim como ser social [...]. É preciso evitar fixar mais uma vez a "sociedade" como abstração frente ao indivíduo. O indivíduo é o ser social (MARX, 2004, p. 107).

Quanto ao último elemento, a liberdade, desenvolve-a como uma liberdade social, classificando-a como: "[...] o poder [do indivíduo] sobre as circunstâncias e relações nas quais ele vive" (MARX, 2007, p. 291).

Esses três elementos culminam com o que Marx (2004) chama de **comunismo** a apropriação efetiva da essência humana pelo e para o ser humano. Por isso, trata-se do retorno pleno, tornado consciente e interior a toda riqueza do desenvolvimento até aqui realizado, retorno do homem para si como homem social, isto é, humano. Este comunismo é, enquanto naturalismo consumado = humanismo, e enquanto humanismo consumado = naturalismo. Ele é a verdadeira dissolução do antagonismo do ser humano com a natureza e com o ser humano; a verdadeira resolução do conflito entre essência e existência, entre objetivação e autoatividade (*Selbstbestätigung*), entre liberdade e necessidade, entre indivíduo e gênero.

Saiba mais

Marx queria dedicar a obra *O Capital* a Darwin, pois, na sua concepção, quem vence a luta é o mais forte, o mais apto a sobreviver, o proletário, fazendo alusão à teoria da evolução das espécies.

Estrutura social

O objetivo da sociologia de Marx é explicar o funcionamento e o desenvolvimento da sociedade capitalista.

Marx nunca usa a palavra justiça — ele é um cientista, escreve sobre **relações de forças**. Mas como se dão essas relações? Para ele, a estrutura social é construída a partir de dois elementos: a superestrutura e a infraestrutura.

A **superestrutura** é composta dos elementos que fazem parte da vida social e que não estão diretamente ligados à atividade econômica, como, por exemplo, a arte, a religião, a educação, a política e o Direito. Para ele, o termo superestrutura tem o mesmo sentido de supérfluo.

A **infraestrutura** ou base econômica é o fundamento da sociedade e é dividida em duas partes: as forças produtivas e as relações de produção. A primeira corresponde aos fatores materiais do processo de produção, como, por exemplo, o trabalho humano e a técnica. A segunda diz respeito às relações sociais dentro das quais ocorre a produção. As relações a que se refere são três:

- a relação de trabalho, entre o proprietário dos meios de produção e o trabalhador;
- as relações de troca, entre o proprietário dos meios de produção e o consumidor;
- as relações de propriedade, entre os proprietários e os não proprietários.

Para Marx, é a base econômica que determina a superestrutura. E, quando as relações de produção e as forças produtivas, que são a base econômica, entram em conflito, surge um novo método de produção. Assim sempre foi na história, pois evoluímos por meio dos seguintes **modos de produção**:

1. comunismo primitivo, em que não há propriedade; logo, não há classes sociais e, por consequência, não há Direito (onde há classes, há conflito, daí a necessidade do Direito);
2. modo de produção asiático, com base na propriedade estatal; o Estado se apropria do excedente dos camponeses;
3. modo de produção antigo, baseado no trabalho escravo;
4. modo de produção feudal, baseado no trabalho servil;
5. modo de produção capitalista, baseado no trabalho assalariado;
6. modo de produção socialista, a propriedade é estatal e o Direito está a serviço dos interesses dos trabalhadores;
7. modo de produção comunista, segundo o qual não há propriedade; logo, não há Direito nem classes, nem política.

Marxismo e Direito

Para explicar o Direito, Marx acaba por apelar para a economia, pois, no Prefácio de *Para a crítica da economia política*, diz que as relações jurídicas não podem ser explicadas por si mesmas, mas que têm as suas raízes nas condições materiais de existência.

Para o autor, o Direito possui duas funções. A primeira define o Direito como um **instrumento de dominação de classe**, preceito segundo o qual a lei é a expressão da vontade da classe dominante. Esse postulado, no entanto, é um tanto quanto simplista, pois sabemos que não podemos determinar uma classe que seja privilegiada sempre. Determinadas políticas econômicas, por exemplo, favorecem a classe de exportadores e prejudica a classe dos importadores, e vice-versa. Ou seja, o que prejudica uns pode beneficiar outros.

A segunda função do Direito descrita por Marx o define como **instrumento de alienação**. Para ele, o indivíduo se tornou um estranho para si mesmo, alheio para a sua realidade. A nossa noção de sujeito de Direito (pessoa) é uma abstração. Pensando nesses termos, a pessoa se esquece da sua condição de sujeito econômico. Está fora da realidade. O mundo do Direito é o mundo da abstração.

Outro elemento importante na análise marxista do Direito é a relação entre este e as **relações de produção capitalista**. Para ele, o Direito Privado se desenvolve simultaneamente com a propriedade privada.

Exemplo

Um exemplo de que o Direito Privado depende da propriedade privada é o fato de que, na Universidade de Bologna, na Faculdade de Direito (1088 d.C.), diante do aumento do comércio na região, houve um retorno ao estudo do Direito Romano.

A propriedade, que varia conforme o modo de produção, consiste na expressão jurídica das relações de produção. O capital moderno é a propriedade privada pura, porque está livre de todo condicionamento social e político. No feudo, por exemplo, há propriedade, mas esta é afetada pela política no sentido de haver uma submissão do proprietário à terra. O proprietário é a personificação da terra. Hoje, no entanto, não há interferência alguma: a propriedade privada é pura.

Portanto, segundo Marx, nosso Direito expressa um tipo de **propriedade pura**. Aqui podemos ver uma contradição flagrante. Existem dois tipos de regras: as regras constitutivas e as regras regulativas. Estas são as que presidem um fenômeno que já existe, como as regras de etiqueta, por exemplo; já aquelas são as que presidem fenômenos que existirão. O jogo de xadrez, por exemplo, só se realiza na medida em que conhecemos as suas regras. Pois bem, as regras de propriedade são constitutivas, então não podem estar na superestrutura, mas na base econômica (ARON, 1997).

Saiba mais

Marx possui um desprezo pelo Direito, é dele a frase "Jurídico, logo falso".

Referências

ARON, R. *As etapas do pensamento sociológico*. São Paulo: Martins Fontes, 1997.

ENCICLOPÉDIA MIRADOR INTERNACIONAL. Rio de Janeiro: Encyclopaedia Britannica Editores Ltda, 1979. v. 13.

FROMM, E. *Marx y su concepto de hombre*. México: Fondo de Cultura Econômica, 1998.

HONNETH, A. *La sociedad del desprecio*. Madri: Trotta, 2011.

KARL MARX. In: *Wikipédia*. 2018. Disponível em: <https://pt.wikipedia.org/wiki/Karl_Marx>. Acesso em: 21 mar. 2018.

MARX, K. *A ideologia alemã*. São Paulo: Boitempo, 2007.

MARX, K. *Manuscritos econômico-filosóficos*. São Paulo: Boitempo, 2004.

MARX, K. *O capital 1*. São Paulo: Abril, 1983.

Leituras recomendadas

BOBBIO, N.; MATTEUCCI, N.; PASQUINO, G. *Dicionário de política*. Brasília: UNB, 1997. v. 2.

MARX, K. *Crítica do programa de Gotha*. São Paulo: Boitempo, 2012.

MARX, K. *A guerra civil na França*. São Paulo: Boitempo, 2011.

MARX, K. *Grundrisse*. São Paulo: Boitempo, 2011.

MARX, K. *Manifesto comunista*. São Paulo: Boitempo, 2010.

MARX, K. *Crítica da filosofia do Direito de Hegel*. São Paulo: Boitempo, 2005.

MARX, K.; ENGELS, F. *A sagrada família*. São Paulo: Boitempo, 2003.

MARX, K. *Miséria da filosofia*. São Paulo: Edições Mandacaru, 1990.

MARX, K. *Para a crítica da economia política*. São Paulo: Abril, 1985.

Max Weber e os efeitos da racionalização sobre as ordens social, econômica e política

Objetivos de aprendizagem

Ao final deste texto, você deve apresentar os seguintes aprendizados:

- Identificar a sociologia do Direito a partir de Max Weber.
- Definir a ação social.
- Reconhecer o processo de racionalização do Direito a partir das suas fases históricas.

Introdução

Neste capítulo, você vai ter contato com um dos maiores expoentes do pensamento social de todos os tempos — Max Weber, um clássico de influência significativa tanto nas ciências sociais quanto no Direito. Também vai ler a respeito de conceitos fundamentais da sua obra, incluindo o de racionalização, as suas fases e a sua influência no Direito, e o de ação social, ambos cruciais para o entendimento da sua vasta e densa obra.

Sociologia jurídica

Ao contrário de Marx e Durkheim, Weber se dedicou à investigação do Direito na sociedade, inclusive participando da elaboração, em 1919, da Constituição de Weimar, que foi a segunda Constituição do mundo a incorporar os direitos sociais. Assim, é considerado um dos fundadores da sociologia jurídica.

Weber (Figura 1) foi um estudioso de vários campos do saber, como política, religião e economia — mas foi no Direito, mas especificamente na sociologia do Direito (*Rechtssoziologie*), que ele demonstrou como em nenhuma outra área o seu conhecimento enciclopédico, trazendo exemplos do Direito romano, germânico, francês, anglo-saxônico, judaico, islâmico, hindu, chinês e até do Direito consuetudinário polinésio. Sempre com o intuito de verificar a racionalização do Direito moderno existente na civilização ocidental, Weber considerava o esforço dos juristas nessa transformação da sociedade (FREUND, 2003).

Figura 1. Max Weber.
Fonte: Max Weber ([200-?]).

Weber aponta uma diferenciação importante que deve ser feita no estudo do Direito: **dogmática jurídica *versus* sociologia jurídica**. A primeira visa à caracterização lógica de validade de uma norma com relação as outras normas em um ordenamento ou um código; a segunda tem por objetivo o entendimento do comportamento do grupo social que faz com que sigam as normas. O afastamento desses dois campos é o que deve pôr em evidência o sociólogo. Para este, a existência de um sistema de coerção é decisiva para que haja uma definição sociológica de Direito (FREUND, 2003).

Mas não é somente pela sociologia jurídica que podemos compreender uma sociedade, pois ela tem muitos elementos distintos que a fazem complexa. Assim, não podemos precisar se as pessoas obedecem a determinadas condutas porque a lei assim o determina ou porque existe um consenso religioso de conduta por trás.

Para Weber, a única possibilidade de estudo de uma sociedade é pelo que ele chama de **tipo ideal**, pelo qual escolhemos de antemão os aspectos sociais que serão estudados, "[...] porque então se constrói conscientemente uma utopia destinada a fazer compreender, na medida do possível e da maneira mais coerente, a realidade humana" (FREUND, 2003, p. 181). O conhecimento nunca alcançará o todo a ser compreendido, apenas parte dele (FREUND, 2003).

Saiba mais

Weber contribuiu com a criação de vários conceitos que se tornaram fundamentais para a sociologia e para o Direito, como o Direito Formal e o Direito Material (BOBBIO, 1988).

Ação social

A ação social é comparável somente à teoria de Montesquieu, pois "os dois autores procuram identificar as diferentes formas históricas de poder descobrindo quais são os distintos posicionamentos dos súditos, frente aos governantes" (BOBBIO, 1988, p. 173). No entanto, a diferença é a de que Montesquieu se ocupou do funcionamento da máquina estatal, enquanto Weber, da capacidade dos governantes e das formas que utilizam para assegurar a obediência (BOBBIO, 1988).

Segundo Norberto Bobbio (1988), podemos dizer que, na teoria de Weber, o conceito de ação social está ligado, enquanto fundamento, aos princípios de legitimidade e aos tipos de poder legítimo, nas suas categorias principais: racional, carismático e tradicional. Assim, Bobbio (1988, p. 173) diz que:

> Quaisquer que sejam as fontes históricas da distinção tríplice de Weber entre formas de poder legítimo — racional, tradicional e carismático —, ela corresponde à tríplice classificação dos tipos do agir social — racional (segundo o valor ou segundo o objetivo), tradicional e afetivo. Podemos perfeitamente deixar de lado a questão de saber se a distinção entre as três formas de poder legítimo se inspirou na classificação do agir social, ou vice-versa. Logicamente, esta última precede a primeira. Em outros termos, há três tipos de poder legítimo porque há três princípios de legitimidade. E há três princípios de legitimidade (definida esta a *parte subiecti* e não a *parte obiecti*) de conformidade com a tradição, porque o agir social tem três categorias principais.

Na sua obra principal, Max Weber traz, já na primeira página, o que deve se entender por **ação social**, juntamente com outros conceitos básicos tratados no *Economia e sociedade*, como o conceito mesmo de sociologia:

> Deve entender-se por sociologia (no sentido aqui aceito desta palavra, empregada com tão diversos significados): uma ciência que pretende entender, interpretando-a, a ação social para dessa maneira explicá-la causalmente em seu desenvolvimento e efeitos. Por "ação" deve entender-se uma conduta humana (bem fundada em um fazer externo ou interno, já em um omitir ou permitir) sempre que o sujeito ou os sujeitos da ação relacionem a ela um sentido subjetivo. A "ação social", portanto, é uma ação onde o sentido aludido por seu sujeito ou sujeitos está referido à conduta de outros, orientando-se por esta em seu desenvolvimento (WEBER, 2000, p. 5, tradução nossa).

Saiba mais

A tese de doutorado em Direito de Max Weber tem o título *A história das companhias de comércio medievais da europa meridional*.

Racionalização do Direito

Para Weber, o que caracteriza a sociedade moderna é o fato de que ela sofreu um processo de racionalização. **Racionalização**, por sua vez, é o processo que consiste em uma sistematização, intelectualização, especialização, tecnificação e objetivação crescentes em todos os âmbitos da vida. Esse seria um fenômeno peculiar do Ocidente. Racionalizar é tornar um processo calculado nos seus meios, tendo em vista a previsibilidade da realização dos fins. É calcular o meio para tornar previsível o fim.

Exemplo

Um exemplo de racionalização na sociedade é a disposição arquitetônica das lojas de um shopping, que tem por objetivo o aumento das vendas. É o chamado *tenant mix* (mistura de locatários/arrendatários).

Racionalização da cultura e seu impacto no Direito

Diferentemente da visão pré-moderna, uma visão encantada de mundo, a cultura do Ocidente foi racionalizada. Isso significa que a nossa visão do mundo é uma **visão científica**. Houve, portanto, na história do Ocidente, dois momentos de desencantamento e, consequentemente, três fases de racionalização.

Primeiramente, temos a visão encantada do mundo dos gregos. Com o advento do cristianismo, o mundo material perdeu o encantamento, mas o universo ainda tinha um fundo desse encantamento, pois Deus ainda existia. Já no século XVI, na Europa, surgiu a ciência moderna, que trouxe consigo um desencantamento completo, pois sequer Deus existia.

Diante desse quadro de influência da ciência na sociedade, passamos a nos questionar *como* se dão as coisas no mundo, mas esquecemos de questionar o *porquê* de as coisas acontecerem como acontecem. Por exemplo, um médico se pergunta como tratar um doente, mas nunca por que deve tratá-lo. O mesmo ocorre no Direito: os juristas se perguntam como se dão as regras, mas nunca se perguntam por que se dão as regras? O problema disso é que, ao não nos perguntarmos o porquê das coisas, acabamos por perder o sentido dessas coisas. Essa perda de sentido relacionada à visão científica de mundo traz três consequências:

1. O Direito passa a ser um substituto a essa falta de sentido — a partir de então, tudo passa a fazer sentido porque existe uma regra.
2. Existem muitos valores e você pode escolhê-los à vontade — é o politeísmo de valores. A sociedade moderna só admite fatos, e os valores estão na interioridade dos sujeitos (valores subjetivos). Nessa sociedade, que passa a ser marcada pelo dissenso, cabe ao Direito garantir um mínimo de consenso.
3. A alienação do indivíduo em relação ao seu meio. Em uma sociedade com visão científica do mundo, amplia-se o controle sobre a realidade. O que é válido para a sociedade não é válido para o indivíduo, que perde o conhecimento das coisas do dia a dia.

Nesse contexto, o Direito se amplia no impulso de controlar a realidade, mas ao mesmo tempo, assim como a ciência, em que o Direito se expande sobre a sociedade, passa-se a não se conhecer mais o Direito. Há uma perda do controle com relação ao todo. O problema aqui é que o todo influi na vida do indivíduo.

As fases da racionalização

Segundo Weber (2000), a racionalização pode ser dividida em quatro fases.

A primeira fase diz respeito à **criação do Direito por revelação carismática**. Nessa etapa do Direito ocidental, magos e sacerdotes criavam o Direito a partir de revelações sobrenaturais. Um exemplo seria o Direito hebraico, criado por Moisés, um líder que teve contato com uma divindade. A característica racionalizadora dessa etapa é a positivação do Direito.

A segunda fase é a da **criação e aplicação do Direito por juristas profissionais**. Aqui podemos citar os juristas práticos, que são os jurisconsultos leigos romanos. Estes desenvolviam a solução dos casos por meio de um saber específico: a *jurisprudentia*. A característica racionalizadora desse período é a profissionalização da atividade jurídica e o desencantamento do Direito; ou seja, não há mais a concepção mágica das palavras. Ainda nessa fase, podemos falar sobre os juristas teóricos: os professores das faculdades de Direito medievais, os glosadores. Os juristas estudavam o Direito por meio do *Digesto*, que consistia em três densos volumes de casos. A comodidade dos alunos fez com que os professores se obrigassem a criar definições que facilitassem o estudo desses casos. Então os professores passaram a interpretar e comentar o *Corpus Iuris Civilis* (*Digesto*). Houve, portanto, uma organização sistemática, ou seja, uma sistematização do Direito.

A terceira fase é a da **positivação do Direito pelos monarcas absolutistas modernos**. Os monarcas europeus, entre os séculos XVI e XVIII, usaram amplamente a legislação como instrumento de organização social. Um exemplo disso foram as Ordenações Filipinas. A característica do período foi a exclusão do costume: a positivação do Direito.

A quarta fase diz respeito ao **Direito codificado aplicado por juristas burocratas**. A partir do século XIX, o ideal de sistema se materializou em um código: o Código Napoleônico, de 1804. Aqui podemos citar três forças sociais que queriam um código e os seus motivos.

A primeira força social a clamar por uma codificação foi a burguesia, e o seu motivo era a segurança jurídica:

> Os burgueses têm de reclamar um direito inequívoco, claro, subtraído ao arbítrio administrativo irracional, assim como as interferências irracionais produzidas por privilégios concretos, que garanta, antes de tudo de maneira segura a obrigatoriedade dos contratos e, em decorrência destas características, seja previsível em seu funcionamento (WEBER, 2000, p. 628).

A segunda força social era o próprio Estado, porque queria ordem:

> Juridicamente, o princípio fundamental de que o pretor deve sujeitar-se a seus editos, só se observa plenamente na época imperial, e deve-se supor que, em consequência, a função judicial dos pontífices, fundada primitivamente sobre um saber esotérico, do mesmo modo que a instrução dos processos pelo pretor, tiveram um caráter acentuadamente irracional (WEBER, 2000, p. 527).

A terceira força era a dos juristas burocratas, e o seu motivo era a ampliação da possibilidade de se fazer uma carreira. O jurista burocrata é aquele cuja formação técnica recebida em instituições especializadas (universidades) faz com que ele partilhe a mesma racionalidade sistemática que inspirou a elaboração do código. Entre o código e a sociedade, o julgador sempre estará no meio.

Referências

BOBBIO, N. A teoria do estado e do poder em Max Weber. In: BOBBIO, N. *Ensaios escolhidos:* história do pensamento político. São Paulo: C. H. Cardim, 1988.

FREUND, J. *A Sociologia de Max Weber*. Rio de Janeiro: Forense Universitária, 2003.

WEBER, M. *Economia y sociedad*. México: Fondo de Cultura Econômica, 2000.

Auguste Comte e o positivismo

Objetivos de aprendizagem

Ao final deste texto, você deve apresentar os seguintes aprendizados:

- Conceituar o que é positivismo segundo Auguste Comte.
- Identificar a importância do positivismo na ciência jurídica.
- Distinguir o positivismo de Auguste Comte do positivismo jurídico.

Introdução

O positivismo é uma corrente filosófica fundamental para o estudo das ciências. Tem como um dos seus principais expoentes teóricos o filósofo francês Auguste Comte, que desenvolveu reflexões sobre a sociedade francesa no século XIX.

A ideia central desse autor consiste na observação dos fenômenos e ênfase no método científico, ao firmar a posição de que a ciência é portadora do conhecimento verdadeiro, por meio de métodos científicos e objetivos, não cabendo idealismos, crenças, concepções metafísicas ou teológicas. Essa ideia é fruto do contexto histórico do filósofo, da sua busca por interpretações da sociedade e do desdobramento sociológico do Iluminismo, com a crise do fim da Idade Média e o nascimento da sociedade industrial.

No campo do Direito, o positivismo influenciou ideias em torno da prevalência das leis e normas, compreendendo a ciência jurídica como estritamente ligada ao que está posto e positivado nas leis. Porém, há críticas a essa corrente, uma vez que o Direito está inserido e é fruto da dinâmica social, não se resumindo à lei.

Neste capítulo, portanto, você vai estudar o conceito de positivismo segundo Auguste Comte, identificando a sua importância na ciência jurídica e na diferença em relação ao positivismo jurídico.

O positivismo de Auguste Comte

O filósofo francês Auguste Comte (1789–1857) foi primordial na construção da filosofia positivista. Ele buscou compreender a sociedade no século XIX, no contexto dos ideais iluministas, a crise do fim da Idade Média e o nascimento da sociedade industrial. Portanto, um contexto de grandes mudanças em torno das explicações sobre a sociedade da época. Ele se destacou: "[...] por considerar que o advento da nova sociedade industrial não poderia acontecer por meio de uma simples ação política, mas sim que deveria ser preparado e precedido por uma profunda revolução intelectual e moral" (TREVES, 2004, p. 37).

Segundo Comte, a ciência deve prever as ações e a verdade, dando relevo a um estado científico ou positivo, em detrimento de explicações religiosas ou abstratas (metafísicas ou teológicas). A sua importância se coloca, principalmente, com a obra *Curso de filosofia positiva* (*Cours de philosophie positive*), considerada obra fundamental do positivismo.

O positivismo pode ser compreendido, assim, como um conjunto teórico-filosófico e sociológico em torno da ideia de que o conhecimento científico é o conhecimento positivo e o único conhecimento verdadeiro, comprovado por meio de métodos e técnicas científicas. Para Comte, a produção do conhecimento pelo ser humano se dá, assim, a partir de rigor científico, afastando ideais metafísicos, teológicos ou crenças, e buscando a verdade por meio da experimentação e observação dos fenômenos.

> Nos últimos anos, "positivismo" tornou-se antes uma expressão ofensiva do que um termo técnico de filosofia. O modo indiscriminado pelo qual essa palavra vem sendo usada, entretanto, torna mais importante ainda um estudo da influência das filosofias positivistas nas ciências sociais. [...] No sentido mais restrito, o termo pode se aplicar aos escritos daqueles que se autodenominaram francamente positivistas ou, pelo menos, estavam dispostos a aceitar essa denominação. Isto diz respeito a duas grandes fases de desenvolvimento do positivismo, uma delas centrada sobretudo na teoria social e a outra relativa mais especificamente à epistemologia. A primeira fase é denominada pelas obras do autor que cunhou o termo "filosofia positiva", Auguste Comte (GIDDENS, 1998, p. 169).

Fique atento

Ao longo da história, houve uma diversidade de conceitos ligados à palavra "positivismo" ou "positivistas", que não necessariamente têm relação com o pensamento de Comte. Para ele, o termo tinha relação com o que era certo, preciso. É fundamental, para compreendermos as razões e a importância dessa corrente filosófica, para as ciências, e as críticas recebidas posteriormente, que se tratam de ideias inseridas e construídas diante de um contexto histórico e social específico, em que o autor se inseria. Entre as suas obras sobre o tema, encontram-se *Curso de filosofia positiva*, *Sistema de política positiva*, *Discurso sobre o conjunto do positivismo* e *Discurso sobre o espírito positivo*.

Giddens (1998) afirma que um dos grandes elementos no fundamento intelectual dos escritos de Comte é o ataque à metafísica subjacente à filosofia do século XVIII. De outra parte, Comte rejeitou a ideia de que a Idade Média seria a "idade das trevas", desenvolvendo a ideia de progresso em substituição à concepção de que se teria aberto o caminho para as mudanças intelectuais e sociais.

> O pensamento positivo substituiu a perspectiva "negativa" dos *philosophes*, a perspectiva de que um novo amanhecer poderia acontecer pela destruição do passado. [...] Analiticamente, Comte esclareceu que as ciências se hierarquizavam em uma generalidade decrescente, mas em uma complexidade cada vez maior; cada ciência particular dependia logicamente da que lhe era inferior dentro da hierarquia e, ainda, ao mesmo tempo, da que lidasse com uma ordem emergente de propriedades que não poderia ser reduzida àquelas coma as quais as outras ciências estivessem preocupadas. Assim, a biologia, por exemplo, pressupunha leis da física e da química, na medida em que todos os organismos eram entidades físicas que obedeciam às leis que governam a composição da matéria; de outro lado, o comportamento dos organismos, como seres complexos, não poderia ser deduzido diretamente dessas leis (GIDDENS, 1998, p. 172-174).

Nesse sentido, Treves (2004, p. 38) expõe a ideia ou lei fundamental de Auguste Comte como base do positivismo:

> Essa lei diz que cada um de nossos principais conhecimentos e cada setor do próprio conhecimento, passam, sucessivamente, por três estados teóricos diferentes: o estado teológico, ou fictício, no qual o espírito humano "representa para si próprio os fenômenos como resultantes da ação direta e contínua de agentes sobrenaturais mais ou menos numerosos, cuja intervenção arbitrária explica todas as aparentes anomalias do universo"; o estado metafísico, ou abstrato, no qual "os agentes sobrenaturais são substituídos por forças abstratas".

A ideia central se coloca, para Comte, em três estágios nas concepções do homem: teológico, metafísico e positivo. Segundo Giddens (1998), na primeira fase, o universo era experimentado como sendo determinado espiritualmente, tendo como ápice a ideia de uma divindade única com o cristianismo. A fase metafísica substituiu a anterior por concepções abstratas, mas serviu de intermédio para o avanço da ciência.

Em síntese, temos os estágios:

Teológico. Neste estágio, o homem explicava a realidade por meio de explicações sobrenaturais, quando a imaginação suplantava a razão, em busca de respostas sobre as suas origens e o seu destino.

Metafísico ou abstrato. Considerado um meio-termo entre o estágio anterior e o posterior, pois a busca por explicações continua, de modo não objetivo.

Positivo. No último estágio, busca-se o porquê das coisas, explicações palpáveis, de modo que o que era espiritual e imaginativo dá lugar à observação e experimentação concreta.

Para Comte, a busca por explicações e a construção do conhecimento sobre a sociedade deve seguir métodos e rigores científicos, assim como os estudos e conhecimentos oriundos das ciências naturais – e não seguir crenças, superstições ou concepções espirituais. O filósofo francês acreditava que seria possível compreender as leis da sociedade e os seus processos, a fim de prever eventuais problemas futuros. Por isso, ele é considerado um pensador crucial no surgimento da **sociologia** como ciência e disciplina.

> A sociologia, no ápice da hierarquia das ciências, pressupunha logicamente as leis de cada uma das outras disciplinas científicas, enquanto, ao mesmo tempo, mantinha de forma similar o seu objeto autônomo. As relações lógicas entre as ciências, de acordo com Comte, ofereciam os modos de interpretação de sua formação sucessiva como campos distintos de estudo, no curso da evolução do pensamento humano. As ciências que se desenvolveram antes, a matemática e a astronomia, e mais tarde a física, eram aquelas que lidavam com as leis da natureza mais gerais e mais totalmente abrangentes, que governavam fenômenos mais distantes do envolvimento e da manipulação humana. A partir daí, a ciência penetrava cada vez mais na humanidade em si, dirigindo-se, por meio da química e da biologia, para o ponto mais alto da ciência da conduta humana — originalmente denominada por Comte de "física social", mais tarde renomeada como "sociologia" (GIDDENS, 1998, p. 172-174).

Cabe destacar que, para Comte, a construção do conhecimento positivo só seria possível por meio da observação dos fenômenos no seu contexto físico, palpável, comprovável pela experiência — método científico. Assim, o papel da ciência seria o de entender, por meio de observação direta, os fenômenos.

Saiba mais

É ao redor da temática da ciência e de sua aplicação social que as idéias de Augusto Comte se desenvolvem. Na ciência alicerça Augusto. Comte a sua filosofia, mas é a política a aduela de fecho do seu sistema [...]. Ao terminar o Curso de Filosofia Positiva, Augusto Comte anunciara aos discípulos o futuro aparecimento de um novo trabalho, destinado a completar o primeiro. [...]. Desde 1822, no célebre opúsculo intitulado Plano dos Trabalhos Científicos necessários para reorganizar a sociedade, a síntese de duas ordens de idéias, científicas e sociais, se realiza no pensamento de Comte, graças à dupla descoberta da classificação das ciências e da grande lei da dinâmica social (COSTA, 1951, p. 81-83).

Para saber mais, leia o texto disponível on-line em:

https://goo.gl/356pp1

Outra recomendação, para aprofundamento, é o artigo "Auguste Comte e o 'positivismo' redescobertos", disponível em:

https://goo.gl/o4NDAs

O positivismo na ciência jurídica e o positivismo jurídico: algumas reflexões

A partir das ideias centrais do positivismo, podemos verificar o seu impacto em todas as ciências, incluindo a ciência jurídica. Diante do contexto histórico e político no qual Auguste Comte desenvolveu as ideias em torno do positivismo e da própria sociologia, o Direito também incorporou as concepções de método e rigor científico que imperaram ao lado da ideia da ordem.

Segundo Treves (2004), o filósofo francês Comte considerou o Direito ao elaborar a sua teoria, no âmbito do que analisou como **física social** — que depois se chamaria sociologia. Para ele, a sociologia trata dos mesmos problemas que são tradicionalmente examinados pelos teóricos do Direito, sem considerar, no entanto, as normas jurídicas e limitando-se a observar os fatos, as instituições sociais — o que tem relação com assegurar a ordem:

> Ao tratar da dinâmica social, Comte considera o Direito de modo mais específico, ainda que o veja sempre indissoluvelmente ligado e quase confuso com a sociedade global. Segundo a lei fundamental dos três estados, não somente nossas concepções e conhecimentos, mas também a sociedade global e as sociedades particulares se desenvolvem através de tipos de organização que se manifestam em três épocas sucessivas: a teológica e militar, a metafísica e a jurídica, e a positiva e industrial (TREVES, 2004, p. 40).

Fique atento

O surgimento do positivismo jurídico tem relação com a necessidade de se distinguir o Direito criado pelos homens (Direito Positivo ou juspositivismo) e o Direito advindo da natureza do ser humano (Direito Natural ou jusnaturalismo). Essa ideia esteve muito presente no contexto da formação dos Estados e na consolidação do Direito, seus códigos, leis e princípios.

Trata-se de uma corrente na ciência jurídica que se relaciona à preocupação de estudar o Direito posto por uma autoridade. Em sentido amplo, o positivismo jurídico define o Direito como um conjunto de normas formuladas por uma autoridade e postas em vigor em uma sociedade.

Em termos históricos, cabe destacar que, da sociedade medieval para a industrial, contexto de surgimento do positivismo em geral, o Estado Moderno passou a estabelecer de modo único o que seria o Direito, por meio de leis ou normas e costumes. Não era mais um Direito com fonte na sociedade civil, mas nas autoridades instituídas e controladas pelo Estado.

Desta feita, um dos desdobramentos foi a criação de códigos — conjunto de normas, ou codificação, no contexto entre os séculos XVII e XIX, como se conhece ainda hoje — o Direito criado pelos legisladores. Nesse sentido, conforme assevera e reflete Lenio Luiz Streck (2010, p. 160):

> [...] o positivismo é uma postura científica que se solidifica de maneira decisiva no século XIX. O "positivo" a que se refere o termo positivismo é entendido aqui como sendo os fatos (lembremos que o neopositivismo lógico também teve a denominação de "empirismo lógico"). Evidentemente, fatos, aqui, correspondem a uma determinada interpretação da realidade que engloba apenas aquilo que se pode contar, medir ou pesar ou, no limite, algo que se possa definir por

meio de um experimento. No âmbito do direito, essa mensurabilidade positivista será encontrada num primeiro momento no produto do parlamento, ou seja, nas leis, mais especificamente, num determinado tipo de lei: os Códigos. É preciso destacar que esse legalismo apresenta notas distintas, na medida em que se olha esse fenômeno numa determinada tradição jurídica (como exemplo, podemos nos referir: ao positivismo inglês, de cunho utilitarista; ao positivismo francês, onde predomina um exegetismo da legislação; e ao alemão, no interior do qual é possível perceber o florescimento do chamado formalismo conceitual que se encontra na raiz da chamada jurisprudência dos conceitos). No que tange às experiências francesas e alemãs, isso pode ser debitado à forte influência que o direito romano exerceu na formação de seus respectivos direito privado [...]. De algum modo se perceberá que aquilo que está escrito nos Códigos não cobre a realidade. Mas, então, como controlar o exercício da interpretação do direito para que essa obra não seja "destruída"? E, ao mesmo tempo, como excluir da interpretação do direito os elementos metafísicos que não eram bem quistos pelo modo positivista de interpretar a realidade?

Entre as **principais críticas ao positivismo jurídico**, estão:

- aplicação mecânica da lei — há críticas que afirmam que o positivismo sugere a aplicação das normas aos fatos, sem outras fontes ou considerações, ou seja, de modo indiferenciado. Porém, essa afirmação não faz sentido, diante de teorias como a de Hans Kelsen, que sustenta que o Direito seria uma moldura para a interpretação, bem como a de Hart, que trata da abertura do Direito.
- legitimação incondicional do Direito — frequentemente, relaciona-se o positivismo jurídico ao requisito de validade de uma norma, independentemente do seu conteúdo, como se fosse uma teoria uniforme. Porém, para os juspositivistas, qualquer norma pode vigorar, desde que satisfaça os requisitos de validade internos, isto é, estabelecidos pelo sistema jurídico, e que haja eficácia social mínima (respeito pela população). Mas isso não esgota a questão. Para reconhecer a validade de um sistema jurídico, os positivistas exigem que seja socialmente eficaz, isto é, globalmente respeitado pela população.

Não obstante, os positivistas vinculam a validade do Direito ao requisito fático de eficácia social mínima, que está vinculado ao requisito de legitimidade do sistema jurídico. Assim, o positivismo não atribui validade a qualquer norma criada por qualquer autoridade.

Fique atento

Diversas críticas já foram tecidas em relação ao positivismo e ao positivismo jurídico, sobretudo considerando que o Direito faz parte da dinâmica da sociedade, sendo, portanto, mutável e podendo ser utilizado tanto como fator de promoção de liberdades, justiça social e emancipação quanto para dominação e manutenção das relações hegemônicas. Entre os principais expoentes do positivismo jurídico, está o inglês Herbert Hart, que defendia a tese de Hans Kelsen atinente à separação entre o Direito e a moral, e propôs um conceito analítico de Direito.

Nesse sentido, pode-se compreender que, ao longo da história, o positivismo teve suma importância, ao trazer segurança jurídica, no caso do Direito, e a ideia do rigor e método científico. Porém, não se manteve capaz de responder às questões jurídicas (e sociais) contemporâneas, sobretudo quanto à busca por princípios e valores ligados à justiça e igualdade — ainda que tenha grande importância no âmbito da segurança jurídica das relações.

Assim, resta a questão da aplicação e interpretação das leis e normas ao caso concreto, motivo pelo qual as demais fontes do Direito, como princípios, são fundamentais. Pode-se compreender como sendo valores, dentro do sistema jurídico, que subsidiam a tomada de decisões e aplicação do Direito aos casos concretos, com base em parâmetros abrangentes, e não apenas em leis específicas.

Saiba mais

Para aprofundamento sobre o tema do pós-positivismo, leia o artigo "Do positivismo ao pós-positivismo jurídico: o atual paradigma jusfilosófico constitucional" de Fernandes e Bicalho (2011), que apresentam um panorama sobre as características do pós-positivismo, considerando as análises teóricas e críticas feitas ao positivismo jurídico no âmbito constitucional.

Referências

COSTA, J. C. Augusto Comte e as origens do positivismo. *Revista de História da Universidade de São Paulo (USP)*, v. 2, n. 5, 1951. Disponível em: <http://www.revistas.usp.br/revhistoria/article/view/34899/37635>. Acesso em: 12 mar. 2018.

FERNANDES, R. V. de C.; BICALHO, G. P. D. Do positivismo ao pós-positivismo jurídico: o atual paradigma jusfilosófico constitucional. *Revista de Informação Legislativa*, Brasília, v. 48, n. 189, jan./mar, 2011. Disponível em: <http://www2.senado.leg.br/bdsf/bitstream/handle/id/242864/000910796.pdf>. Acesso em: 22 mar. 2018.

GIDDENS, A. *Política, sociologia e teoria social:* encontros com o pensamento social clássico e contemporâneo. São Paulo: UNESP, 1998.

TREVES, R. *Sociologia do Direito:* origens, pesquisas e problemas. Barueri: Manole, 2004.

Leituras recomendadas

LACERDA, G. B. Auguste Comte e o "positivismo" redescobertos. *Revista Sociologia Política*, v. 17, n. 34, out. 2009. Disponível em: <http://www.scielo.br/pdf/rsocp/v17n34/a21v17n34.pdf>. Acesso em: 22 mar. 2018.

SCREMIN, M. de S. Do positivismo jurídico à teoria crítica do Direito. *Revista da Faculdade de Direito UFPR*, v. 40, 2004. Disponível em: <http://revistas.ufpr.br/direito/article/view/1740/1439>. Acesso em: 22 mar. 2018.

STRECK, L. L. Aplicar a "letra da lei" é uma atitude positivista? *Revista NEJ*, v. 15, n. 1, jan./abr. 2010. Disponível em: <https://siaiap32.univali.br/seer/index.php/nej/article/view/2308/1623>. Acesso em: 22 mar. 2018.

Constituição no sentido sociológico

Objetivos de aprendizagem

Ao final deste texto, você deve apresentar os seguintes aprendizados:

- Reconhecer a importância de Ferdinand Lassalle no estudo da teoria da Constituição.
- Definir o que é uma Constituição no seu sentido sociológico.
- Identificar o principal crítico a esse sentido de Constituição.

Introdução

Um dos autores mais estudados em Direito Constitucional é Ferdinand Lassalle. A sua radical teoria demonstra um dos aspectos das normas constitucionais: a visão sociológica da Constituição. É por meio desse autor que vamos conhecer o que significam os fatores reais de poder e reconhecer como estes influenciam na sociedade de forma determinante, independentemente do que está escrito na Carta Maior de um país.

Neste capítulo, você vai ler a respeito tanto da teoria de Ferdinand Lassalle quanto do autor cuja teoria se tornou a antítese dos denominados fatores reais de poder: Konrad Hesse. Assim, terá elementos para decidir qual dessas teorias se enquadra melhor nos elementos constitucionais de hoje.

Ferdinand Lassalle

Ferdinand Lassalle (Figura 1), socialista, alemão, nasceu na cidade de Breslau, em 11 de abril de 1825, e morreu em 31 de agosto de 1864. Filho de um rico comerciante judeu, completou a sua formação escolar em Berlim. Ficou conhecido nos círculos aristocráticos por defender Sophie Hatzfeld em um, para a época, indecoroso processo de divórcio. Destacou-se de tal forma que acabou por ter a fama de advogado mais eloquente de Berlim.

Ainda, tomou parte da Revolução de 1848, sendo processado e condenado duas vezes no ano seguinte.

Figura 1. Ferdinand Lassalle
Fonte: Ferdinand Lassalle (1979).

Fique atento

As principais obras de Ferdinand Lassalle são *Die Philosophie des Herakleitos* (1858, ou *A filosofia de Heráclito*), a tragédia *Franz von Sickingen* (1859) e a obra de Direito *Das System der erworbenen Rechte* (1861, ou *O sistema dos direitos adquiridos*). Declaradamente socialista, portanto.

Em 1862, quando houve uma disputa sobre a interpretação da Constituição da Prússia entre os liberais, que eram maioria no parlamento deBismarck, sofre uma nova perseguição judicial por pertencer à oposição.

Na conferência *Über die Verfassung* (1863, ou Sobre a Constituição), Lassalle declara que o que está escrito na Constituição não tem relevância, que o que realmente importa são os **fatores reais de poder**, consagrando-se teórico das constituições.

Com uma atuação política eminentemente socialista, reivindica, no *Arbeiterprogramm* (1863, ou Programa dos operários), o sufrágio universal e a criação de cooperativas de produção dos operários. Preside o *Allgemeiner Deutscher Arbeiter* (1863, ou Associação Geral dos Operários Alemães). E, afastando-se de Marx, aproxima-se de Bismarck, defendendo, por meio de uma monarquia nacional prussiana, a unificação democrática da Alemanha.

Como legado, foi mais um orador brilhante do que um teórico e político, além de fundador daquilo que viria a ser o Partido Social Democrático Alemão, o maior partido socialista da Europa até 1914 (ENCICLOPÉDIA MIRADOR INTERNACIONAL, 1979).

Saiba mais

Ferdinand Lasalle morreu de uma maneira épica aos 39 anos, em um duelo com o marido de Helene von Dönniges, mulher por quem se apaixonara.

A Constituição em sentido sociológico

A Constituição pode ser apreciada de um tríplice ponto de vista: da sua validade, da sua efetividade e da sua justiça. Sob o enfoque da **sociologia do Direito**, temos uma única preocupação: saber se a Constituição é efetiva, no sentido de eficaz. Assim como Karl Loewenstein, Ferdinand Lassalle adota o ângulo da sociologia do Direito para interpretar a Constituição. Na conferência *Sobre a essência da Constituição*, realizada em 1896, distingue dois tipos de Constituição: a Constituição escrita e a real e efetiva.

Constituição escrita, segundo Lassalle (2001), é apenas um pedaço de papel, enquanto a **Constituição real e efetiva** é a soma dos fatores reais de poder que regem o Estado. Segundo ele, os fatores reais de poder são aqueles que constituem a força ativa e eficaz que informam todas as leis e instituições jurídicas do país (LASSALLE, 2001).

Mas quem ou o que são esses fatores reais de poder? Em primeiro lugar, ele dizia que os **fatores reais de poder** são alguns atores sociais que se impõem ao Direito Positivo. Ou seja, o Direito Positivo não pode ignorar ou abolir a sua existência. O exemplo que ele traz é a figura do Rei da Prússia — o rei (Kaiser) era um fator real de poder, assim como a nobreza, os banqueiros, a burguesia (pequena e grande) e a classe operária.

Eis um exemplo de fatores reais de poder, ou seja, de fatores que se impõem e não podem ser abolidos ou mudados diante de uma nova ordem constitucional. Na Constituição de 1988, será que o constituinte originário poderia eliminar os banqueiros, os proprietários de terra ou os operários? Óbvio que não. Seria viável a nova ordem constitucional determinar que, a partir de então, todas as terras seriam de propriedade do Estado? Seria inviável. Então o que defende o autor? Ora, se a Constituição é a organização fundamental do Estado, o que determina essa organização é a existência de determinados grupos sociais, não o que está escrito no papel.

Em outras palavras, podemos dizer que a Constituição de um país é o modo como se articulam os vários grupos sociais. A Constituição de um país é dada pela articulação dos grupos sociais mais poderosos de determinado momento histórico. E o que está escrito na Constituição, para Lassalle (2001), é apenas um pedaço de papel, ou seja, não reflete onde realmente está o poder naquela sociedade.

A consciência coletiva

Lassalle (2001) ainda vai além, dizendo que a consciência coletiva também é parte da Constituição. Vamos supor que o governo tente propor uma lei penal que puna na pessoa dos pais os crimes cometidos pelos filhos. Exemplo do próprio Lassalle. Isso seria viável no século XIX? Não. Pois, segundo ele, a consciência coletiva e a cultura geral do país são fragmentos da Constituição que representam um limite à ação do poder estatal (LASSALLE, 2001). Outro exemplo que ele dá, ainda mais extremo, é este: suponha que o governo alemão tentasse reinstalar a escravidão no século XIX: O povo revoltar-se-ia e a sua resistência seria invencível, nos casos mais extremos e desesperados, também o povo, todos nós somos parte integrante da Constituição (LASSALLE, 2001).

Exemplo

Hitler nunca precisou mudar a Constituição de Weimar, demonstrando um completo desprezo pelo Direito, pois os fatores reais de poder e a consciência coletiva do País já apoiavam o nazismo.

Cornélius Castoriadis diz que o ponto de apoio das previsões não é formal, mas material e social. Não porque está no papel, mas porque a sociedade é assim. Por isso que Lassalle vai dizer que nós podemos estar seguros do nosso direito de liberdade, porque a sociedade é constituída de determinado modo, não porque está no papel. Quando podemos dizer que há uma mudança real e efetiva na Constituição? Quando a sociedade muda, ou na linguagem do autor, quando mudam os fatores reais de poder e a consciência coletiva do país.

Principal crítica

O principal crítico à teoria da Lassalle foi Konrad Hesse (1919–2005). Em oposição à ideia de que são os fatores reais de poder que predominam sobre o texto escrito da Constituição, Hesse, na obra *A força normativa da Constituição*, afirma que:

> A Constituição jurídica está condicionada pela realidade histórica. Ela não pode ser separada da realidade concreta de seu tempo. A pretensão de eficácia da Constituição somente pode ser realizada se se levar em conta essa realidade. A Constituição jurídica não configura apenas a expressão de uma dada realidade. Graças ao elemento normativo, ela ordena e conforma a realidade política e social. As possibilidades, mas também os limites da força normativa da Constituição resultam da correlação entre ser (*Sein*) e dever ser (*Sollen*). A Constituição jurídica logra conferir forma e modificação à realidade. Ela logra despertar "a força que reside na natureza das coisas", tornando-a ativa. Ela própria converte-se em força ativa que influi e determina a realidade política e social. Essa força impõe-se de forma tanto mais efetiva quanto mais ampla for a convicção sobre a inviolabilidade da Constituição, quanto mais forte mostrar-se essa convicção entre os principais responsáveis pela vida constitucional. Portanto, a intensidade da força normativa da Constituição apresenta-se, em primeiro plano, como uma questão de vontade normativa de vontade de Constituição (*Wille zur Verfassung*) (HESSE, [199-?]).

Ou seja, segundo Hesse, a Constituição, pela sua força normativa, também se torna um ator importante de influência na realidade, interferindo também nas relações sociais. Portanto, segundo Hesse, não é apenas um pedaço de papel, como afirma Lassalle.

Fique atento

Lassalle é mais famoso pela radicalidade do que pela genialidade do seu discurso, pois ele não percebeu que, uma vez que um fator real de poder é descrito na Constituição, ele passa a ser reforçado.

Referências

ENCICLOPÉDIA MIRADOR INTERNACIONAL. Rio de Janeiro: Encyclopaedia Britannica, 1979. v. 19.

FERDINAND LASSALLE. In: *Enciclopédia Mirador Internacional.* Rio de Janeiro: Encyclopaedia Britannica, 1979. v. 19.

HESSE, K. A. *Força Normativa da Constituição.* [199-?]. Disponível em: <http://www.geocities.ws/bcentaurus/livros/h/hessenpdf.pdf>. Acesso em: 27 out. 2017.

LASSALE, F. *A essência da Constituição.* 6. ed. Rio de Janeiro: Lumen — Júris, 2001.

Opinião pública

Objetivos de aprendizagem

Ao final deste texto, você deve apresentar os seguintes aprendizados:

- Conceituar opinião pública.
- Relacionar opinião pública ao sentido de justiça.
- Identificar a influência da opinião pública nos julgamentos das cortes.

Introdução

Um dos conceitos fundamentais para a compreensão dos movimentos da sociedade é a opinião pública. Neste capítulo, você vai acompanhar a evolução do tema nas obras dos principais autores que discorreram sobre o conceito ao longo da história, como Locke, Rousseau, Burke, Bentham, Constant e Guizot.

Ainda, você vai ler a respeito não apenas do conceito próprio de opinião pública, mas também da sua relação com o Direito, no intuito de descobrir qual é o tamanho da influência deste nas decisões judiciais, e da visão que a política tem sobre esse conceito fundamental.

Opinião pública

A opinião pública se forma no debate público e tem por objeto a coisa pública. Como *opinião*, vive em constante mudança e é sempre suscetível à discordância. Refere-se, predominantemente, a juízos de valor, mais do que a juízos de fato. Já *pública* diz respeito ao universo político e à pluralidade

A opinião pública não diz respeito à verdade, pois contém a característica própria das opiniões — *doxa*, não *episteme*. No entanto, conforme avança no debate, consolida uma visão racional, crítica e bem informada. Aqui, entra a **retórica**, disciplina que tem por objetivo tornar a verdade verossimilhante para alguns (BOBBIO; MATTEUCCI; PASQUINO, 1997).

Saiba mais

Umas das diferenças entre **retórica** e **dialética** é que a primeira diz respeito à *phronesis* (prudência) e o seu objetivo é convencer o público; a segunda, por sua vez, baseia-se na *sophia* (verdade) e tem por fim convencer o outro — os dois que estão dialogando buscam a verdade sem temer refutações.

Atualmente, a opinião pública pressupõe uma sociedade civil forte, em que haja grupos que se reúnem, como clubes e associações que pretendam ter uma influência na política sem pertencer formalmente a ela, ou mesmo relativa a partidos políticos. Com relação às organizações da sociedade civil, é imprescindível que não haja censura, nem os chamados *arcana imperii*, para que a sociedade possa obter o máximo de publicidade dos atos de governo (BOBBIO; MATTEUCCI; PASQUINO, 1997).

Saiba mais

A expressão *arcana imperii* significa literalmente os segredos do poder o os princípios do poder ou do Estado. Essa expressão aparece pela primeira vez em dois trechos da obra de Tacio, no *Historiae* (I, 4) e nos *Annales* (II, 36).

O maior teórico do absolutismo, **Hobbes**, diz que a opinião pública é algo negativo na medida em que introduz no Estado uma semente de corrupção e anarquia. Já em **Locke** é que temos a opinião pública considerada pela primeira vez como autônoma, dentro do pensamento liberal.

Na obra *Ensaio sobre a inteligência humana*, encontramos o que Locke denomina **lei da opinião ou reputação**, considerada uma autêntica lei filosófica: é a norma das ações, pois serve para julgar se elas são virtuosas ou viciosas. Formando a sociedade política, os homens abdicaram do uso da força em nome do poder político, mas não abdicaram do poder de julgar a virtude e o vício, se as ações são boas ou más.

Fique atento

A lei da opinião está à altura da lei divina e da lei civil. Os seus meios de controle são os elogios e a condenação social das ações praticadas.

A lei da opinião ou reputação é de cunho tácito e regida pelo costume da sociedade, e será diferente em cada país. Assim a lei moral, expressa pela opinião pública, é diferenciada da lei civil feita pelos representantes políticos; fazendo uma distinção clara entre o poder filosófico e o político, entre moral e política, dado que, para Locke, o Estado não é absoluto, mas um Estado Liberal representativo (BOBBIO; MATTEUCCI; PASQUINO, 1997).

Em **Rousseau**, a opinião pública ainda tem a ver com a moral, mas está mais ligada à política e aos seus meios institucionais de expressão. Em *Contrato social*, ele descreve a figura do censor, que é o ministro da lei da opinião pública. O censor, como expressão da opinião do povo, é limitado pelo costume. Assim, a censura é útil para conservar os costumes, mas não para os restabelecer quando são corrompidos.

Rousseau, que, com a sua vontade geral, quer superar a distinção entre política e moral, apresenta uma estreita correlação entre soberania popular e opinião pública, leis e costumes, política e moral, vendo na opinião pública a verdadeira constituição do Estado. Rousseau não desenvolve mais o tema porque, para ele, a democracia direta não é passível de discordância entre esfera pública e esfera privada, que é uma característica do Estado moderno na qual se estabelece o espaço para a opinião pública — também porque a aproxima do conceito de costumes, herança do passado ou de criações espontâneas, assim se afastando da ideia de que a opinião pública é fruto de uma discussão pública racional, o que a define como tal (BOBBIO; MATTEUCCI; PASQUINO, 1997).

Emmanuel Kant, no Estado Liberal, foi o que mais sistematizou o tema opinião pública. No entanto, não utilizou esse termo, mas público ou publicidade. Ao responder à questão "O que é o iluminismo?", responde que é "fazer o uso público da própria razão em todos os campos". Esse uso público da razão, que sempre há de ser livre, possui duas funções em relação aos seus destinatários: quando se dirige ao povo, serve para garantir a liberdade progressiva de opiniões com o objetivo da aproximação da verdade pelo consenso; quando se dirige

ao Estado absoluto, visa dar dignidade ao homem, fazendo a opinião pública interferir no próprio governo (BOBBIO; MATTEUCCI; PASQUINO, 1997).
A publicidade, segundo Kant, é justamente o que coage a política a dobrar o joelho da moral (BOBBIO; MATTEUCCI; PASQUINO, 1997, p. 283):

> [...] serve de mediadora entre política e moral, entre Estado e sociedade, e se torna assim ume espaço institucionalizado e organizado no âmbito do Estado de direto liberal, onde os indivíduos autônomos e racionais procedem, pelo debate público, à autocompreensão e entendimento.

Burke, Bentham, Constant e Guizot dão continuidade ao pensamento liberal de Locke, mas atentam para um novo fundamento essencial: acentuam a **função política da opinião pública** como uma força entre o eleitorado e o poder legislativo. Assim a função da opinião pública é "permitir a todos os cidadãos uma ativa participação política, colocando-os em condições de poder discutir e manifestar as próprias opiniões sobre as questões de geral interesse" (BOBBIO; MATTEUCCI; PASQUINO, 1997, p. 283).

Opinião pública e política

A *Doutrina da sabedoria da multidão*, também conhecida como argumento da soma, desenvolvida por Aristóteles, refere que o povo pode tomar uma decisão mais acertada, mais sábia e mais capaz uma vez que dispõe de experiência, juízo e discernimento de cada pessoa pertencente à comunidade. No Livro XI, capítulo III da Política, Aristóteles (apud WALDRON, 2003, p. 114) diz:

> Pois os muitos, entre os quais cada indivíduo não é um homem bom, quando se encontram, podem ser melhores do que os poucos bons, se considerados não individual, mas coletivamente, exatamente como um repasto para a qual muitos contribuem é melhor do que um jantar provido por uma única bolsa. Pois cada indivíduo entre os muitos tem uma parcela de excelência e sabedoria prática, e, quando eles se encontram, exatamente como eles se tornam, de certa maneira, um homem, que tem muitos pés, mãos e sentidos, assim também ocorre no que diz respeito ao caráter e ao pensamento. Portanto, os muitos são melhores juízes do que um único homem de música e poesia, pois alguns compreendem uma parte e alguns outra, e, ente si, eles compreendem o todo.

Jeremy Waldron, com base nessa concepção aristotélica, define a *Doutrina da sabedoria da multidão* da seguinte forma: "O povo atuando como um corpo é capaz de tomar decisões melhores reunindo o seu conhecimento, a sua experiência e o seu discernimento do que qualquer membro individual do corpo, por mais excelente que seja, é capaz de tomar sozinho" (WALDRON, 2003, p. 115).

A ideia dessa deliberação enriquecida com os vários pontos de vista, opiniões e discernimentos trazidos tem por fim influenciar a opinião uns dos outros, para que se esclareçam mutuamente, formando uma base para questionamentos que tornarão as opiniões melhores. Assim é a metodologia aristotélica com relação as *endoxa*, pois, no Livro VII da Ética a Nicômaco, Aristóteles (apud WALDRON, 2003, p. 130) diz que:

> Nosso trajeto adequado nesse tema, como em outros, será apresentar as várias opiniões a respeito, e, então, após examinar as dificuldades que implicam, estabelecer finalmente, se possível, todas ou, se não todas, a maior parte e as mais importantes das opiniões geralmente sustentadas no que diz respeito a esses estados mentais, já que, se é possível poupar as discrepâncias, e deixar um resíduo da opinião corrente de pé, a visão verdadeira terá sido suficientemente estabelecida.

Uma pressuposição da ética aristotélica é que é mais facial chegar à verdade ouvindo as várias opiniões discordantes do que prosseguir *a priori*. Ao considerar as *endoxa*, mesmo quando contraditórias, podemos ter mais elementos para definir vários aspectos da verdade. Essa dimensão democrática do processo tem a ver com a ideia de felicidade (*eudaimonia*) em Aristóteles. Nesse sentido, Aristóteles (2001) observa, no Livro I da Ética sobre as opiniões, que algumas dessas opiniões foram sustentadas por muitos homens e homens de antigamente, outras por algumas pessoas eminentes, e não é provável que qualquer uma delas seja inteiramente errada, mas, antes, que sejam certas em pelo menos algum aspecto, ou mesmo na maioria dos aspectos. O esforço de Aristóteles, portanto, é o de considerar as opiniões para que haja um esclarecimento mútuo no sentido de um esforço com o objetivo de se alcançar a verdade.

Nesse mesmo sentido aristotélico de busca pela verdade, podemos citar também um trecho da obra *On Liberty*, de J. S. Mill, em que ele enfatiza essa busca sem a mediação de um mestre sintetizador:

> [...] a verdade é tanto mais uma questão de reconciliar e combinar opostos, que apenas pouquíssimos possuem o espírito suficientemente amplo e imparcial para ajustar corretamente os opostos, o que se deve fazer então mediante o rude processo de conflito entre combatentes lutando sob bandeiras contrárias (MILL, 2000, p. 74).

Saiba mais

Segundo o dicionário Houaiss, a palavra *doxa* significa sistema ou conjunto de juízos que uma sociedade elabora em um determinado momento histórico supondo tratar-se de uma verdade óbvia ou evidência natural, mas que, para a filosofia, não passa de crença ingênua, a ser superada para a obtenção do verdadeiro conhecimento.

No entanto, Aristóteles usa uma palavra que se originou de *doxa*, *endoxa* (ἔνδοξα), que nada mais é do que "as crenças e opiniões defendidas por todos, pela maioria ou pelos mais sábios". "São as opiniões que resistem às objeções no processo de purificação" na busca pela verdade (CRUZ, 2009, p. 3).

Opinião pública e justiça

Vimos como funciona para Aristóteles o processo de busca da verdade por meio do conflito entre as *endoxa*. No entanto, esse é um elemento político. E como funcionaria a opinião pública, com as suas várias facetas, diante da lei? Essa pluralidade de opiniões deve ser levada em conta em um processo político de elaboração das leis. Assim, elas devem ser criadas, mas, uma vez postas, não há mais o que se discutir, então as normas devem ser observadas para que haja certa ordem na sociedade.

No âmbito da justiça, temos a figura do juiz, que é um terceiro imparcial e desinteressado, cuja função é proferir a palavra de justiça:

> Ninguém está autorizado a fazer justiça com as próprias mãos; assim reza a regra de justiça. Ora, em benefício de tal distância que se faz necessário um terceiro, uma terceira parte, entre o ofensor e sua vítima, entre crime e castigo. Um terceiro como garantidor da justa distância entre as duas ações e dois agentes (RICOEUR, 2008, p. 252).

Esse terceiro, o juiz, só é imparcial porque está ligado a um sistema de normas de leis escritas: "A independência do juiz nada mais é do que a sua dependência em relação à lei" (SCHMITT, 2006, p. 266).

Essa vinculação do juiz à lei também está em Tomás de Aquino, quando trata da ética dos atores processuais:

> As leis se escrevem para declarar o direito natural e o direito positivo. A lei escrita contém o direito natural, mas não o institui, pois ele não tira sua força da lei, mas da natureza. Quanto ao direito positivo, a lei escrita o contém e o institui, conferindo-lhe a força da autoridade. É por isso que os julgamentos devem ser proferidos de acordo com as leis escritas. Do contrário, se desviaria seja do direito natural, seja do direito positivo (AQUINO, 2005, p. 1-2, 3, 71).

Nessa busca pela justiça no processo, o juiz não deve observar a opinião pública, mas ater-se às informações contidas nos autos, pois é o que a lei determina:

> Julgar compete ao juiz, enquanto investido de um poder público. Assim, quando julga, deve formar sua opinião, não pelo que sabe como pessoa privada (*persona privata*), mas pelo que vem ao seu conhecimento como pessoa pública (*persona publica*).
> [...]
> Tratando-se de um caso particular, porém, a informação lhe vem mediante os instrumentos, os testemunhos e demais documentos legítimos, que devem ser seguidos no julgamento, mais do que o conhecimento que o juiz adquire como pessoa privada. O conhecimento privado, no entanto, poderá ajudá-lo a discutir mais rigorosamente as provas arroladas e a desvendar-lhes os defeitos. Mas se não conseguir descartá-las por meios jurídicos, deverá basear nelas seu julgamento. (AQUINO, 2005, p. 2).

A consciência do julgador deve se alimentar dos elementos inseridos nos autos, não no que a opinião pública dita: "No que toca à sua própria pessoa, o homem deve formar sua consciência por seu próprio saber. Mas quando exerce um poder público, deve formar sua própria consciência com os dados do julgamento público e neles se basear" (AQUINO, 2005, p. 2).

Referências

AQUINO, T. *Tratado da justiça in suma teológica*. São Paulo: Loyola, 2005.

ARISTÓTELES. *Ética a Nicômaco*. Brasília: Unb, 2001.

BOBBIO, N.; MATTEUCCI, N.; PASQUINO, G. *Dicionário de política*. Brasília: Unb, 1997. v. 2.

CRUZ, A. Os estágios da investigação moral e a discussão sobre a dialética na *Ethica Nicomachea*. In: CONGRESSO DE INICIAÇÃO CIENTÍFICA, 18., 2009. *Anais*... Pelotas, 2009. Disponível em: <http://www2.ufpel.edu.br/cic/2009/cd/pdf/CH/CH_00122.pdf>. Acesso em: 25 out. 2017.

DOXA. In: HOUAISS, A.; VILLAR, M. S. *Dicionário Houaiss de língua portuguesa*. Rio de Janeiro: Objetiva, 2009.

MILL, J. S. *Liberdade/Utilitarismo*. São Paulo: Martins Fontes, 2000.

RICOEUR, P. *O Justo*. São Paulo: Martins Fontes, 2008. v. 1-2.

SCHMITT, C. *Teoria de la constitución*. Madri: Tecnos, 2006.

WALDRON, J. *A Dignidade da legislação*. São Paulo: Martins Fontes, 2003.

Leitura recomendada

PLATÃO. *Górgias*. São Paulo: Perspectiva, 2015.

Normas jurídicas e evolução social

Objetivos de aprendizagem

Ao final deste texto, você deve apresentar os seguintes aprendizados:

- Caracterizar a norma jurídica a partir da visão de Hans Kelsen.
- Identificar o papel da sanção e a sua relação com a norma jurídica, na proporção que o Direito faz uso da força.
- Reconhecer a norma jurídica e o seu efeito modificador dos comportamentos sociais.

Introdução

A norma jurídica é o elemento central do Direito. O seu conhecimento garante ao jurista a posse de elementos fundamentais para analisar e discutir os mais variados assuntos relativos ao Direito. Embora vários autores tenham desenvolvido a sua própria teoria a respeito da norma jurídica, não se pode negar que o maior nome da matéria continua sendo Hans Kelsen. É por meio desse autor que vamos conhecer as características principais da norma jurídica.

Neste capítulo, você vai conhecer os elementos fundamentais que formam o conceito de norma jurídica. Vai ter condições de identificar o papel da sanção e sua relação com a norma, observando suas características. Por fim, você vai aprender a reconhecer a influência da norma nos comportamentos sociais.

Normas jurídicas

Hans Kelsen é considerado o jurista mais influente quando o assunto é positivismo jurídico. Para ele, o **Direito** é um sistema de normas que regula comportamentos humanos e a **norma jurídica**, por sua vez, é o sentido objetivo de dever–ser de um ato de vontade. Este trecho do seu livro principal *Teoria Pura do Direito* define bem qual é o seu objetivo ao tratar do Direito:

> Há mais de duas décadas que empreendi desenvolver uma teoria jurídica pura, isto é, purificada de toda a ideologia política e de todos os elementos de ciência natural, uma teoria jurídica consciente da sua especificidade porque consciente da legalidade específica do seu objeto. Logo desde o começo foi meu intento elevar a Jurisprudência, que – aberta ou veladamente - se esgotava quase por completo em raciocínios de política jurídica, à altura de uma genuína ciência, de uma ciência do espírito. Importava explicar, não as suas tendências endereçadas à formação do Direito, mas as suas tendências exclusivamente dirigidas ao conhecimento do Direito, e aproximar tanto quanto possível os seus resultados do ideal de toda a ciência: objetividade e exatidão. (KELSEN, 1996, p.XI).

Objetividade e exatidão, segurança jurídica em oposição à subjetividade e à insegurança, consenso em torno das regras — esses foram os objetivos traçados por Kelsen ao desenvolver a sua teoria.

Para ele, o que liga o sentido subjetivo, ato de vontade de uma ordem, ao sentido objetivo, o dever real de obedecer, é uma norma. Então, para criar uma norma, eu preciso destes dois elementos: um **ato de vontade** e uma **norma superior que o autorize**.

Exemplo

Suponhamos que um bandido e um fiscal deem uma ordem do tipo "me dê mil reais" (sentido subjetivo). As duas ordens dizem respeito a um "dever–ser". Mas, em um dos casos, há um dever real (sentido objetivo). O bandido não impõe normas porque não há uma norma superior que o autorize a criar outras normas; no caso do fiscal, há.

Para Kelsen a diferença entre ser e dever–ser é um dado imediato da consciência. A função da razão é conhecer o objeto tal como ele é, mas a norma se dirige a exigir algo que deve ser, ou seja, *criar uma norma é exigir que algo deve ser*. Portanto, não pode ser objeto da razão, mas da vontade, em que há a intervenção no mundo dos fatos. É uma função do querer (vontade), não do conhecer.

> **Saiba mais**
>
> Para Kelsen (1996), não só as normas jurídicas, mas as normas morais também são frutos da vontade. A moral religiosa judaico-cristã dos dez mandamentos, por exemplo, é um ato de vontade de Deus. E a moral da sociedade? O costume? Foi gerado por atos de vontade da própria comunidade. Então mesmo um direito costumeiro é um direito positivado.

Dessa forma, norma jurídica é uma norma válida que determina um ato de coerção e envolve o uso da força física, coisa que nem a sanção moral nem a religiosa têm. Eis a diferença entre norma jurídica e norma moral.

Características da norma jurídica

Podemos elencar algumas características básicas das normas jurídicas:

- validade;
- pertinência;
- obrigatoriedade;
- legalidade.

Validade

Validade, para Kelsen (1996), é **existência**. Dizer que uma norma é válida é dizer que ela existe enquanto norma. A validade é um modo específico de existência da norma jurídica. A norma não existe da mesma forma que os fatos — a existência dos fatos eu consigo determinar por meio dos sentidos. Daí Aristóteles dizer que nada alcança ao intelecto que não tenha passado pelos sentidos. Mas, quanto às normas, eu só determino se elas deixaram de existir por meio de um ato de interpretação, não pelos sentidos.

A consequência é que não existem normas inválidas — toda norma, por definição, é válida, pois, se ela não for válida, não existe.

Pertinência

As normas não existem de forma jurídica isolada — a norma sempre existe dentro de um sistema de normas ou de um ordenamento jurídico. Então, dizer que uma norma é válida é dizer que ela pertence a um ordenamento jurídico.

Obrigatoriedade

Ainda podemos dizer que a norma jurídica é obrigatória. Dizer que uma norma é válida significa dizer que ela é obrigatória.

Legalidade

A norma jurídica é legal se foi produzida de acordo com outra norma válida do ordenamento. A norma que determina as condições de validade é chamada de norma superior, enquanto a norma produzida é chamada de norma inferior.

Saiba mais

O esquema kelseniano justifica a obediência a uma norma por sua vinculação a uma norma superior. Mas e quando chegamos à norma posta mais elevada: a Constituição? O que justifica a obediência a Constituição? Segundo Kelsen, é a norma fundamental, que tem por conteúdo: "devemos obedecer ao que o constituinte da Constituição de 1988 produziu".

Características da norma fundamental

A **norma fundamental** é a norma que fundamenta o ordenamento de normas e tem as seguintes características:

Pensada — ela não pode ser positivada, tem que ser pensada. Não é uma norma posta, é uma norma pressuposta. Para dar inteligibilidade lógica ao ordenamento.

Hipotética — a Norma Fundamental não é uma tese, ou seja, algo provado ou demonstrado. É uma hipótese que o jurista utiliza para haver um conjunto de relações sociais como relações jurídicas, não de força.

Formal — é uma norma meramente formal. Segundo Kelsen (1996), o Direito pode ter qualquer conteúdo. Se o Direito deriva de um ato de vontade, então ele pode ter qualquer conteúdo.

Jurídica — é uma norma jurídica na medida em que ela cumpre a função de dar validade a um ordenamento jurídico. Ela expressa um ponto de vista jurídico sobre o Direito. Eu vejo o Direito a partir do próprio Direito, não através da moral ou da política.

Sanção e norma jurídica

A sanção é uma técnica de motivação e controle social. O Direito, visto como um conjunto de normas jurídicas, é uma técnica específica de orientação social que combina dois elementos: **norma** e **coerção**. O Estado estipula pautas para que as pessoas orientem o seu comportamento — se não forem obedecidas, sujeitam as pessoas a alguma punição.

Coercibilidade

Coerção é a privação de um bem (vida, liberdade, dinheiro) posta contra a vontade do destinatário e se necessário com o recurso à força ou a ameaça ao uso da força.

Sanção

Sanção é uma consequência atribuída a um comportamento. A coerção pode ser uma sanção, daí resultando em uma pena; ou a atribuição de um benefício, que resulta em um prêmio. Portanto, a sanção pode ser repressiva ou premial.

Exemplo

Um exemplo de sanção premial é o desconto do IPTU quando do pagamento antecipado.

Direito e força

O conteúdo da norma fundamental diz que devemos obedecer ao poder originário, sendo este o "conjunto das forças políticas que num determinado momento histórico tomaram o domínio e instauraram um novo ordenamento jurídico" (BOBBIO, 1996, p. 65). Então podemos dizer que obedecer ao poder originário seria obedecer à força desse poder? Reduzindo todo o Direito à força? Não. Há outro elemento que pode ter dado poder ao constituinte originário que não o uso da força: o **consenso**.

Não devemos confundir o conceito de poder com o de força física. O poder originário repousa tanto na força quanto no consenso, e dizer que devemos obedecê-lo por causa da violência não faz sentido, mas sim porque é ele que detém o monopólio do poder coercitivo atribuído pelo consenso geral. "Os detentores do poder são aqueles que têm a força necessária para fazer respeitar as normas que deles emanam. Nesse sentido, a força é um instrumento necessário do poder. Isso não significa que ela seja o fundamento. A força é necessária para exercer o poder, mas não para justificá-lo" (BOBBIO, 1996, p. 66).

Fique atento

O ordenamento jurídico não pode ser definido como um conjunto de regras para o uso da força. Essa definição é restritiva, pois, em primeiro lugar, ela se refere ao conteúdo das normas, o que, para Kelsen, não é um elemento definidor de uma norma.

A juridicidade de uma norma é definida não pelo seu conteúdo, mas pela sua vinculação a uma norma superior até a norma fundamental — o que a define é um elemento formal e não material: pertencer ao **ordenamento**. Podemos dizer, portanto, que um ordenamento se torna jurídico quando se vêm formando regras pelo uso da força — não o uso indiscriminado, mas o uso limitado e controlado da força.

No entanto, não podemos dizer que o ordenamento é feito para o uso da força, que esse é o seu objetivo, mas que "as regras para o exercício da força são, num ordenamento jurídico, aquela parte de regras que serve para organizar a sanção e portanto para tornar mais eficazes as normas de conduta e o próprio ordenamento em sua totalidade" (BOBBIO, 1996, p. 70). Assim, o objetivo do legislador não se limita a organizar a força, mas tem a função de "organizar a sociedade mediante a força".

Norma jurídica modificadora do comportamento social

Podemos dizer que existem dois tipos de comportamento humano: um é **natural** e diz respeito às necessidades prementes do homem, como saciar a fome, por exemplo; o outro é de **natureza social** e se dá na infância por meio da internalização de pautas culturais.

Exemplo

Um exemplo que torna clara essa distinção é o próprio ato de comer, que sacia uma necessidade básica do homem, mas é realizado mediante ritos específicos, determinados pelo grupo social ao qual se está inserido. Esse processo de aprendizagem social ensina o homem a conviver com os demais do seu grupo, criando uma motivação interna para a observância de normas jurídicas (VERNENGO, 1995, p. 169).

No entanto, alguns comportamentos esperados pela sociedade não são tão espontâneos — em geral, precisam ser motivados. É o caso do pagamento de impostos, por exemplo:

> É difícil que alguém creia que as pessoas pagam impostos espontaneamente: se trata de um ato que deve ser motivado; si esse procedimento fracassa, o sujeito pode ser compelido a cumprir o ato. É possível que se trate de convencer ao cidadão, respeitoso da lei, da conveniência de pagar impostos para beneficiar à comunidade. Mas se não aceita esta sugestão estatal, nem a internaliza, se o obrigará a pagar o imposto estabelecido (VERNENGO, 1995, p. 173, tradução nossa).

Em um primeiro momento, impõe-se, ao sujeito, a obediência da norma por um processo de aculturação ou socialização e, logo em seguida, por uma ameaça de sanções:

> A sociedade inculca modelos de comportamento que os destinatários do processo internalizam em suficiente medida. As normas resultam assim

internalizadas, não somente como meras putas de comportamento, e sim também como critérios prestigiosos de avaliação da conduta própria e alheia (VERNENGO, 1995, p. 176, tradução nossa).

No entanto, mesmo que existam normas obrigatórias, elas nem sempre motivam a conduta social esperada. É aí que entra a **punição estatal** na forma de sanção:

> Em situações socialmente mais complicadas e ante a eventualidade não descartável de que as motivações diretas não sejam eficazes, as sociedades historicamente reconhecidas recorrem, todas elas, a técnicas de controle e de socialização de tipo punitivo. Pode que o comprador pague o preço por saber que esse é seu dever; mas para o caso em que não esteja disposto a fazê-lo, a sociedade prevê alguma forma de castigo, algum recurso a controles punitivos. O recurso ao controle punitivo se produz já em grupos mais simples, como o familiar. A criança foi socializada para cumprir certas pautas domésticas. Seu cumprimento provoca satisfações: elogios, prêmios. Quando essas técnicas são insuficientes, se recorre ao castigo físico como *ultima ratio* (VERNENGO, 1995, p. 178, tradução nossa).

Saiba mais

Segundo Kelsen (1996), o costume, como reiteração de uma prática social e como um conjunto de normas eficazes, revoga a norma jurídica, ou seja, os fatos sociais não podem ser ignorados pelo Direito. Assim se deu com a constitucionalização da taxa de juros de 12% ao ano, posta na Constituição, ou a criminalização do adultério.

O comportamento social é alterado mediante a norma, uma vez que esta é hipotética e cria relações sociais de Direito, não relações de força, como as percebidas pela sociologia. Assim, uma das características das normas sobre o comportamento social é evitar os conflitos físicos a partir da ordem jurídica.

No entanto, devemos atentar para um ponto: não se pode falar de uma polarização entre o uso da força e o Direito, porque o Direito utiliza a força. Para melhor explicar, podemos dizer que, com o Direito, há o uso controlado e monopolizado da força pelos que detêm o poder político democraticamente atribuído, de forma que não se tenha uma guerra civil.

Fique atento

Se eu tiver duas sentenças contraditórias, que mandem prender uma pessoa, com juízes igualmente competentes, qual sentença valerá? Não podemos recorrer à validade, pois os dois têm uma norma superior que os autoriza a sentenciar. Para Kelsen essa hipótese seria incabível, pois, para ele, a força de coerção estatal deve ser organizada —segundo a sua teoria, se isso acontecesse, a sentença válida seria a eficaz, ou seja, valeria a prisão que fosse realmente efetivada.

Referências

BOBBIO, N. *Teoria do ordenamento jurídico*. Brasília: UNB, 1996.

KELSEN, H. *Teoria pura do Direito*. São Paulo: Martins Fontes, 1996.

VERNENGO, R. J. *Curso de teoría general del Derecho*. Buenos Aires: Depalma, 1995.

Leituras recomendadas

BARZOTTO, L. F. *O positivismo jurídico contemporâneo*: uma introdução a Kelsen, Ross e Hart. São Leopoldo: Unisinos, 1999.

BARZOTTO, L. F. *Teoria do Direito*. Porto Alegre: Livraria do Advogado, 2017.

Eficácia das normas jurídicas e os seus efeitos sociais

Objetivos de aprendizagem

Ao final deste texto, você deve apresentar os seguintes aprendizados:

- Diferenciar validade de eficácia de uma norma jurídica.
- Explicar os efeitos sociais positivos e negativos de uma norma jurídica.
- Resolver o conflito aparente entre normas jurídicas por meio dos critérios de resolução das antinomias.

Introdução

A norma jurídica isolada sequer pode ser válida. Para ser estudada, ela precisa ser considerada com as demais normas que, juntas, compõem o ordenamento jurídico. Para a análise desse conjunto de normas, é necessário estudarmos conceitos essenciais, como validade e eficácia. O primeiro diz respeito a estabelecer se uma norma pertence ou não ao ordenamento jurídico; o segundo define o grau de efetividade que essa norma encontra na sociedade — em outras palavras, se ela é obedecida ou não.

Como o ordenamento deve ser um todo coerente, livre de contradições, quando encontramos normas que se contradizem no sistema, devemos recorrer a algum critério que defina qual norma deve prevalecer. Em nome da segurança jurídica, recorremos aos critérios de resolução de antinomias.

Neste capítulo, você vai descobrir quais são os tipos de antinomias que trazem incoerência ao ordenamento jurídico e qual é o critério utilizado para a sua resolução. Além disso, vai conhecer a hierarquia existente entre os critérios para solucionar os conflitos entre os próprios critérios de resolução de antinomias.

Validade e eficácia das normas

Validade e eficácia são dois termos que têm relação íntima. O primeiro diz respeito à correspondência da norma a outra norma ou decisão superior estabelecida formalmente pelo Estado; o segundo se refere a como as normas são realmente observadas na sociedade. No Brasil, em termos simples, dizemos que uma lei "pegou" ou "não pegou" se ela é considerada eficaz ou não.

O maior autor do positivismo jurídico, Hans Kelsen, vincula um conceito ao outro dizendo que:

> Uma norma jurídica é considerada como objetivamente válida apenas quando a conduta humana que ela regula lhe corresponde efetivamente, pelo menos numa certa medida. Uma norma que nunca e em parte alguma é aplicada e respeitada, isto é, uma norma que — como costuma dizer-se — não é eficaz em uma certa medida, não será considerada como norma válida (vigente). Um mínimo de eficácia (como sói dizer-se) é condição da sua vigência.
> Porém, uma norma jurídica deixará de ser considerada válida quando permanece duradouramente ineficaz. A eficácia é, nesta medida, condição da vigência, visto ao estabelecimento de uma norma se ter de seguir a sua eficácia para que ela não perca a sua vigência (KELSEN, 1996, p. 12).

Portanto, a eficácia, ao mesmo tempo em que é a conformidade de uma conduta à norma ou à sua aplicação pelos órgãos competentes, quando é seguida e aplicada, é também a condição de validade de uma norma. Aqui, encontramos um dos grandes problemas da teoria de Kelsen (1996), pois, ao separar ser e dever-ser e dizer que o Direito corresponde somente ao segundo, ele cria um problema para a sua estrutura teórica, pois a eficácia, que ele diz ser condição de validade da norma, está no campo do ser, na dimensão dos fatos, e não do dever-ser.

Norberto Bobbio, com a sua conhecida clareza na forma de desenvolver as ideias, faz correspondência da validade da norma com a sua existência, afirmando que a validade jurídica de uma norma equivale à sua existência. Vale a pena a transcrição da sua obra:

> [...] O problema é o problema da existência da regra como tal, independentemente do julgamento de valor se for justa ou não. Enquanto o problema da justiça é resolvido com um julgamento de valor, a questão da validade é resolvida com um julgamento de fato. Trata-se, então, de ver se existe uma

regra legal ou não, ou melhor se essa regra assim determinada é uma regra legal. A validade jurídica de uma regra é equivalente à existência de tal norma como regulamentação legal. Embora para julgar a justiça de uma norma seja necessário compará-la com um valor ideal, para julgar sua validade, é necessário realizar pesquisas empírico-racionais, aquelas pesquisas que são realizadas quando se trata de determinar a magnitude e alcance de um evento (BOBBIO, 1993, p. 24, tradução nossa).

E continua dizendo que, para determinarmos a validade de uma norma, devemos observar três critérios:

- verificar se a autoridade que criou a norma tem poder legítimo para fazê-lo;
- verificar se não foi ab-rogada por outra norma;
- verificar se não é incompatível com o sistema.

Ou seja, a validade corresponde a um problema ontológico do Direito. Bobbio também faz referência ao tema **eficácia da norma**, que se refere ao fato de saber se as pessoas às quais as normas são direcionadas seguem-nas ou não, chegando à conclusão de que a eficácia da norma diz respeito a um problema fenomenológico do Direito. Nas suas palavras:

[...] o problema da eficácia de uma norma é o problema de saber se aquela norma é seguida ou não por aquelas pessoas as quais ela é dirigida (os considerados destinatários da norma jurídica) e, no caso de que seja violada, seja feita valer com os meios coercitivos da autoridade que a postou. Que uma norma exista em quanto norma jurídica não implica que essa seja constantemente seguida. [...] A pesquisa para verificar a eficácia ou a ineficácia de uma norma é uma pesquisa histórico-sociológica destinada a estudar o comportamento dos membros de um grupo social particular e que difere tanto da busca mais filosófica em torno da justiça quanto da natureza de validade mais tipicamente legal. Mesmo aqui, para usar a terminologia ensinada, se em um sentido diferente do habitual, pode-se dizer que o problema da eficácia das regras legais é o problema fenomenológico do Direito (BOBBIO, 1993, p. 25, tradução nossa).

Ou seja, o problema relativo à eficácia da norma jurídica é o que se relaciona mais diretamente com a sociologia jurídica.

Saiba mais

Hans Kelsen elaborou a Constituição da Áustria de 1920, criando o controle concentrado de constitucionalidade. A norma está vigente até os dias atuais.

Fonte: Hans Kelsen (2017).

Efeitos sociais da norma jurídica

Ao pensarem de forma diferente da dos autores da Antiguidade Clássica, os modernos fizeram a separação do ser e do dever–ser, e, ao fazer essa separação, criaram um problema lógico, pois do ser não pode derivar nenhum dever–ser.

Na lógica, existe uma falácia chamada de *non sequitur*, que surge quando, na conclusão de um argumento, deduzimos mais do que aquilo que estava nas premissas. Se, na conclusão, temos um elemento normativo, ele também deve estar presente em uma das minhas premissas. Ou seja, segundo a lógica, do plano dos fatos, nunca vamos poder tirar uma norma. De premissas factuais, nunca chegamos a conclusões normativas. Assim, para haver uma coerência lógica, deve haver uma junção entre o ser e o dever–ser. O ser está no fato de que homens se reúnem para votar e, ao levantarem o braço ou apertarem um botão, decidem criar algo que chamam de norma e no elemento normativo anterior ao ato, que é uma norma que os autoriza a fazer isso. Assim, podemos dizer que uma norma isolada não traz efeito social algum, pois só pode produzir efeitos se for considerada com outras normas jurídicas. Disso, surge a ideia de **ordenamento**.

O professor Luis Fernando Barzotto, ao analisar a obra de Kelsen, evidencia a separação entre ordenamento e sistemas normativos de natureza moral:

> O ordenamento jurídico se diferencia dos sistemas normativos de natureza moral por ser um sistema dinâmico. Sistema dinâmico é aquele em que as normas estão ligadas entre si por uma relação de autorização, e não de derivação lógica. Uma norma pertence a um ordenamento jurídico por ter sido produzida segundo o procedimento previsto em outra norma, e não pelo fato de ter sido derivada logicamente desta. Quando a norma veio à existência segundo os modos autorizados pelo ordenamento, dizemos que a norma é "válida" (BARZOTTO, 1999, p. 37).

Norberto Bobbio, na obra *Teoria geral do Direito*, compartilha da ideia de que é o sistema de normas que importa, em detrimento da norma isolada. Ele divide a obra em dois momentos: no primeiro, estuda a norma jurídica isoladamente (teoria da norma jurídica) e, no segundo, o ordenamento jurídico (teoria do ordenamento jurídico), concluindo que as normas nunca existem isoladamente e usando a metáfora: "considerava-se a árvore e não a floresta" (BOBBIO, 1996, p. 20).

Segundo o mesmo autor, Kelsen foi o primeiro a fazer essa divisão na obra *Teoria geral do Direito e do Estado*, dividindo o estudo em **nomoestática** e **nomodinâmica**, sendo o primeiro o estudo das normas jurídicas isoladas e o segundo o estudo do conjunto do ordenamento jurídico.

Agora que sabemos que os efeitos sociais das normas jurídicas só podem existir quando se parte da premissa que só podem ser observadas em conjunto, analisaremos os problemas referentes à incompatibilidade dessas normas na regulação da sociedade.

O **ordenamento jurídico** deve possuir três características principais:

- unidade;
- coerência;
- completude.

Como uma das características do ordenamento jurídico é a coerência, é necessário resolver os conflitos que surgem entre normas jurídicas, para que se observe um dos principais elementos do Direito: a segurança jurídica. Afinal, como devemos agir diante de duas normas válidas que prescrevem comandos diferentes?

Saiba mais

Das características do ordenamento jurídico, a unidade diz respeito às fontes do Direito, a coerência diz respeito ao critério de resolução de antinomias e a completude diz respeito às lacunas existentes no ordenamento.

Antinomias

Conflitos de primeiro grau

Aqui não faz sentido falarmos em conflito entre ordenamentos, mas entre normas.

> Portanto, não é exato falar, como se faz frequentemente, de coerência do ordenamento jurídico no seu conjunto; pode-se falar de exigência de coerência somente entre suas partes simples. Num sistema dedutivo, se aparecer uma contradição, todo o sistema ruirá. Num sistema jurídico, a admissão do princípio que exclui a incompatibilidade tem por consequência, em caso de incompatibilidade de duas normas, não mais a queda de todo o sistema, mas somente de uma das duas normas ou no máximo das duas (BOBBIO, 1996, p. 80).

Dessa ideia, surge o critério de resolução de conflito entre normas, para que o ordenamento permaneça coerente. Pressupõe-se, portanto, a regra de coerência, que diz que "num ordenamento jurídico, não devem existir antinomias".

As regras fundamentais para a solução do conflito de antinomias são:

- critério cronológico;
- critério hierárquico;
- critério da especialidade.

Fique atento

É visível que um ordenamento possui contradições. No entanto, para que haja ordem no sistema, é necessária essa ficção de que há coerência, ou seja, a coerência é uma ficção jurídica necessária.

Critério cronológico

O critério cronológico ocorre quando duas normas se contradizem, sendo uma mais recente do que a outra. Nesse caso, a mais nova deve prevalecer, ou seja, *lex posterior derogat priori*. "Existe uma regra geral no Direito em que a vontade posterior revoga a precedente, e que de dois atos de vontade da mesma pessoa vale o último no tempo" (BOBBIO, 1996, p. 93). Assim, justifica-se, na ordem do sistema, que a última vontade do legislador deve prevalecer, pressupondo que o legislador não faria algo novo se o considerasse inútil.

Critério hierárquico

O critério hierárquico diz que, entre duas normas contraditórias, deve prevalecer a norma superior, ou seja, *lex superior derogat inferiori*. Esse critério está em consonância com a ideia de ordenamento hierárquico das leis, em que a superior tem validade à inferior.

> A inferioridade de uma norma em relação a outra consiste na menor força de seu poder normativo; essa menor força se manifesta justamente na incapacidade de estabelecer uma regulamentação que esteja em oposição à regulamentação de uma norma hierarquicamente superior (BOBBIO, 1996, p. 93).

Critério da especialidade

O critério da especialidade afirma que, entre duas normas incompatíveis do mesmo ordenamento jurídico, sendo uma mais geral e outra mais especial, prevalece a mais especial, ou seja, *lex specialis derogat generali*. O motivo desse critério é claro. Nesse caso, ou uma lei especial anula uma lei mais ampla ou simplesmente retira de uma norma mais geral alguns elementos para submetê-la a uma legislação que pode ser contrária ou contraditória. Essa característica é fundamental em termos de justiça, porque aplica melhor a lei geral às particularidades de uma categoria de pessoas, obedecendo a uma das regras fundamentais do Direito: *suum cuique tribuere*.

> A passagem da regra geral à regra especial corresponde a um processo natural de diferenciação das categorias, a uma descoberta gradual, por parte do legislador, dessa diferenciação. Verificada ou descoberta a diferenciação, a persistência na regra geral importaria no tratamento igual de pessoas que pertencem a categorias diferentes, e, portanto, numa injustiça. Nesse processo de gradual especialização, operado por meio de leis especiais, encontramos

uma das regras fundamentais da justiça, que é a do *suum cuique tribuere* (dar a cada um o que é seu). Entende-se, portanto, por que a lei especial deva prevalecer sobre a geral: ela representa um momento ineliminável do desenvolvimento de um ordenamento. Bloquear a lei especial frente à geral significaria paralisar esse desenvolvimento (Bobbio, 1996, p. 96).

Fique atento

A diferença entre o critério da especialidade e os outros dois é que o primeiro acontece porque ocorre uma antinomia, enquanto os outros acontecem somente quando surge uma antinomia. Ou seja, a antinomia, no caso da especialidade, sempre ocorre, pois a norma especial limita a geral; já nos casos de hierarquia e cronológico, não necessariamente ocorre a antinomia.

Conflitos de segundo grau

Vimos que, entre normas conflitantes, podemos usar os métodos de resolução de antinomias. Porém, se os critérios entrarem em conflito, o que devemos fazer? Se, por exemplo, estivermos diante de uma dicotomia entre uma norma constitucional superior e uma norma ordinária posterior, o que fazer, já que não podemos aplicar concomitantemente dois critérios? A esse conflito de critérios, dá-se o nome de antinomia de segundo grau.

Conflito entre o critério hierárquico e o cronológico

Se uma norma superior entra em conflito com uma nova posterior, normas diferentes prevalecerão de acordo com o critério que utilizarmos. Nesse caso, sempre deve prevalecer o critério hierárquico sobre o cronológico.

> Essa solução é bastante óbvia: se o critério cronológico devesse prevalecer sobre o hierárquico, o princípio mesmo da ordem hierárquica das normas seria tornado vão, porque a norma superior perderia o poder, que lhe é próprio, de não ser ab-rogada pelas normas inferiores (BOBBIO, 1996, p. 108).

Portanto, aplicamos o método cronológico somente com normas de mesmo nível hierárquico.

Conflito entre o critério de especialidade e o cronológico

Aqui há o conflito entre uma norma especial que existe antes de uma geral. Nesse caso, deve prevalecer, a princípio, a lei especial. A regra geral então seria: *lex posterior generalis non derogat priori speciali*, mas isso deve depender da análise do caso em questão.

Conflito entre o critério hierárquico e o de especialidade

O conflito entre o critério hierárquico e o de especialidade não é de fácil solução, não existindo uma resposta segura para a questão.

> A gravidade do conflito deriva do fato de que estão em jogo dois valores fundamentais de todo ordenamento jurídico, o do respeito da ordem, que exige o respeito da hierarquia e, portanto, do critério da superioridade, e o da justiça, que exige a adaptação gradual do Direito às necessidades sociais e, portanto, respeito do critério da especialidade (BOBBIO, 1996, p. 109).

O mais de acordo com a teoria da norma seria prevalecer a superior ante a especial e inferior, pois, ao preferir as inferiores, haveria um esvaziamento das normas materialmente constitucionais, no entanto, a especialidade da justiça que traz o princípio do Direito *suum cuique tribuere* também deve ser considerada.

Como observamos, os critérios de resolução de conflitos de segundo grau estão dispostos em nível crescente de incerteza, mas funcionam como regra geral para se alcançar a coerência do sistema de normas no ordenamento jurídico.

Referências

BARZOTTO, L. F. *O positivismo jurídico contemporâneo:* uma introdução a Kelsen, Ross e Hart. São Leopoldo: Unisinos, 1999.

BOBBIO, N. *Teoria do ordenamento jurídico*. Brasília: UnB, 1996.

BOBBIO, N. *Teoria generale del Diritto*. Torino: G. Giappichelli Editore, 1993.

HANS Kelsen. 2017. Disponível em: <https://alchetron.com/Hans-Kelsen>. Acesso em: 4 dez. 2017.

KELSEN, H. *Teoria pura do Direito*. São Paulo: Martins Fontes, 1996.

Leitura recomendada

VERNENGO, R. J. *Curso de teoría general del Derecho*. Buenos Aires: Depalma, 1995.